街場の大阪論

OSAKA

Get Up Stand Up, OSAKA!

*

KO Hiroki

basilico

目次

第I章
街場の大阪論

第2章 大阪から ワシも考える

第3章 街をビジネスモデルで語れるか！

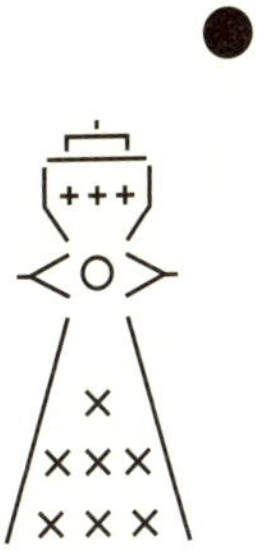

「大阪から日本の現在が見える」のは、
「大阪からワシも考える」からだ
——あとがきにかえて

装丁＊寄藤文平
北谷彩夏（文平銀座）

第I章

街場の大阪論

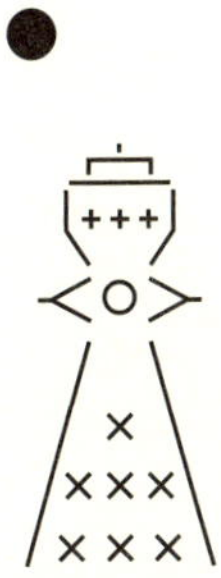

「二度づけお断り」の思想

日曜日の昼、岸和田で祭礼の町内会議があって、その帰りに南海電車に乗る。まだまだ陽が高い午後四時過ぎ、昼飯をしっかり食べたのになぜか空腹を覚え、特急サザンが堺駅を出たあたりで、「我慢でけへん何か食おう」と決心する。こんな場合、こんな時刻には、難波ではあかんのである。迷わず一つ前の新今宮で降りる。

ＪＲ環状線のガード沿いの簡易ホテルの並びを越え、今は廃墟となりつつあるフェスティバルゲートまで歩く。信号を待ちながら、真ん前にユニクロがあったけどまだ健在だろうか、などと思う。大通り側道の階段を下りて左に入ると「ジャンジャン横丁」だ。右側のガード下では相変わらずワケのわからない雑貨やビデオが道に並べられたり、労務者向けの古着がぶら下げられている店が出ている。何を物色しているのか、フレッドペリーのポロシャツ大学生とその彼女、暑いのにハンチングをかぶったモッズ風の三人連れ、などなどがいる。

ジャンジャン横丁に入ると、人・人・人の群れで、東京弁のイントネーションも聞こえてくる。そしてここは今、ガイジンのビンボ学生やバックパッカーたちが似合う街でもある。

串カツの「八重勝《やえかつ》」では行列が二列になって折り返し、その隣の「てんぐ」でも大勢がうれしそうに並んでいる。ええ？　まだ四時台やろ、と思う。多分［だるま］も入られへんやろなあ、とつぶやきながらどんどん新世界へ入っていくと、ガラス窓の外にステンレスの手すりを渡した将棋クラブは二軒ともお年寄りで満員だ。

やっぱり［だるま］は一番並んでいる。

まるでガードマンが列を整理しているかのように並んでいるのを横目に、こっちは並ぶ気などハナからないので、路地を入って［ぜにや支店］に入る。ここは「串カツ鍋物焼肉」の大キャパの店だ。客はカウンターにぱらぱらとおっさん三人だけ、テーブル席は一つだけ埋まっていて、女子がひとり混じった若い大学生風の四人連れですき焼きをやってる。そらそやろ、やっぱり新世界はこうでないと、と思いながら「すきやき玉子二コ付」九八〇円、生中だけを頼む。

ひとり鍋である。麩も糸コンも三ツ葉もきちっとある大阪風の具だが、鍋には割り下がたっぷりと入り牛脂が浮かんでいる。火を着け沸いてきたところに肉だけをどさっと一気に入れる。甘さがなく醤油辛い「汗と涙の味」だ。

というような、辛気くさいことをナイーブに考えたり、新世界はもはやB級下町グルメのテーマパークになってしまった、なんて眠たいことを言ってるようでは街はおもろくない。

すき焼きを甘くしたかったら「砂糖、おくれ」といえば出てくるし、「二度づけお断り」をしたかったら行列に並べばよいのである。

それがこの浪花の街のいいところで、帰りぎわに「てんぐ」の前を通ったら、自転車に子どもを乗せた兄ちゃんともう一台の自転車を仲良く手で押してるチビTの夫婦による「なんや、どこもようけ並んでるやんけ」「ほな、どこ行く」「やっぱし並ぼか」という、ごきげん極まりない会話が聞こえたので、オレも「えーい、この際並んだれ」と、一番列の短い串カツの店を選んでハシゴをする。

ラッキーなことに回転が速くて、すぐカウンターに座れた。「何しましょ?」の声に「カツ二本と生中」と答える。すき焼きの後なので、ちょっと食べたいだけだったのだ。

すぐ隣の席では、エスニックな長いスカートをはいた文化系の女性と四〇代くらいの半袖ワイシャツの男性。「ヨソの人」と顔と服に書いてある。オレのシンプル極まりない注文をどう思ったのか、こっちを見るから、にこっと会釈する。

先にその二人客の注文が出てきたのを見ると、それこそてんこ盛りで、牛・豚・エビ・タマネギ・ナス・シシトウなどなどが見える。

「うわぁ〜、おいしそー」と女性は言って、ケータイを取り出して写真を撮る。オレは店の人と目を合わせて一緒に笑う。そして秘かに、ええんか、それは食い過ぎやろ、後で胸焼け特大やで、と思う。

さて、ソースがなみなみと入ったステンレス製のバットはその二人客との共有で、オレは先に出てきた生ビールを飲みながら、盛られたキャベツをソースにつけて齧っていたので、女性がまずその横長のバットに「失礼します」とばかりに、ちょこっと可愛らしくつける。

オレはどうなることかと店員さんと再び目を合わせていたが、エビをがぶっと噛み切って「おいしぃ」と関東訛りで言った。

ああ、これはいかん。ヤバイと思っていると、さすがにそれだけは気がついているらしく、半分残ったふた口目の串はソースにつけずにそのまま食べた。まったく同じように男性もやる。あ～あ、そんなやり方では、ほんまは美味しくない。

こっちの「カツ二本」が淋しそうに出てきた。早速一本をソースにつける。われわれ大阪人は本当のところは濃い味が大好きなのである。どぼんと根元まで漬けて、取り皿の上でトントントンと余分なソースを落とすと、二人客は「ふんふん」と納得したような顔をしている。

齧りつき串を引いて噛みちぎろうとすると、つるんと衣だけ半分に切れた。二人客に注目されていたので、オレはバツが悪くなって「ここらへんの肉、硬《か》ったいんですわ」と言ったら、あははと笑ってくれた。

笑いを取ったと思ったオレはすかさず、衣がはがれて湯気の上がっている肉を見せて「ここからがうまいんですわ。せやし二度づけあきませんのんですわ」と言ったら「すごいね。やっぱり」と女性が返してくれた。

オレは「二度づけお断りの、何がすごいねん」と思ったが、これ以上いらんことを言うと、それこそイケズが売りの京都やないねんし、と思ってやめた。

「二度づけお断り」表示というのは大阪の思想のようなものである。

全くのパブリックな場で、知らない客と客が隣り合わせ、あるいはカウンターを挟んで店側と知らない客が対峙する。その際、お互いにイヤな思いをせず、すんなりうまいものにありつきたい。

自分だけがある空間を占拠して良い気分になったり、他の人よりもうまいものにありつける店というのも確かにそれは店なのであるが、そうでない店もそこかしこにある。

それでも、「もうちょっとソースつけたいもん」ってか？　そんな時には、キャベツでバットのソースをすくって取り皿に落とす。しかしながら、何でこんなしょうもないことを大阪の人間は知っているのだろう。

アホで悪いか？　大阪の街場の子どもたち

小中学生の全国学力テストの結果が文科省から公表された。毎日新聞の朝刊には、「一喜一憂あかん　低迷大阪」という見出しで、大阪府の生徒について「基礎知識」と「応用」のいずれもが四一〜四五位と全国最低レベルだと報じている。

ちなみに八項目全ての最下位が沖縄県で、大阪が高知県や北海道とそのビリ前を占めまくっている。思い当たるフシがあるというか、何となくわかる（笑）。

けれどもこういう報道は、とても殺生だと思う。

大阪の子どもはアホなのか。そうに違いない。かねてから大阪はアホやアホやと思とったけど、しかしアホで何か問題でも？　と思ってしまうのだ。けれども和歌山県にも全科目で負けてるのが、和歌山県と和泉葛城山で接している岸和田生まれでだんじり育ちの人間にとっては、少しばかりつらいところではある。

対してトップ県は秋田で、富山、福井といった順であり、これには「あそこらへんの子どもは、ほかにすることないんや」と思うことにする。

しかし、毎日新聞の記事はこう続ける。

ある府教委幹部は「問題の無解答率が全国平均より軒並み高かった。『成績に関係ない』『やってられへん』と放棄する子も多く、平均点を下げたかもしれない」と推測。そうコメントを引用した後、「たった一回のテストで一喜一憂したらあかん。ドリルで特訓すれば点数はある程度上がるが、仲間で助け合う中ではぐくむ学力や知識、体験こそ生きる上で役立つ」と力を込める。という府東部（つまり河内方面やな）の中学教諭（四三）の談話が載っている。

その通りである。「うまい！」と思わず声が出る。オレは思わず両手で青タン（青あざ）が出来るほど膝を叩くのだった。

沖縄県の例があげられているように、学力が低いのは「家庭が経済的に苦しい、失業率や離婚率が高い」といった事情が背景にあることが、この朝刊でも指摘されている。また大阪市は就学援助費の支給率が小中学校ともに約三割で、政令指定都市で最も高いとも示されている。

確かにそうではあろう。だけれども金持ちの息子や娘がほんまにかしこくて、公務員やサラリーマンの勤め人の父親とその配偶者である専業主婦の子どもであるのが学力と関係あるんか、などとつい力んでしまう。

その大阪については、「景気や経済の低迷、産業の地盤沈下が著しく、名古屋に負けている。だから文化創造による都市再生、ＩＴ技術による新たな産業創出を」「ナレッジ・キャピタル構想は、最先端技術と消費者ニーズをインターフェイスすることで、未来生活の創造拠点、次世代の知的創造拠点としていく」といった、大阪政財界によることのほか競争好きで学力重視な言説があり、それらと全国学力テストのビリケツ前・大阪の街場のギャップは何だろうかと考えてしまう。

大阪の街場には、シアトル系コーヒーチェーン店はないがお好み焼き屋があり、缶ビールもタバコも二四時間売っているコンビニエンスストアはないが朝からやってる立ち呑みの酒屋があり、インサイダー取引のヒルズ族ではなくヤクザ者の徘徊、昼のレストランでの進学談義ではなく市場のおばはんの立ち話……そういった街が、大阪のあたり前な実コミュニティである。

そして誰もが知っている事実だが、大阪の街場に住む「生活者的」な大阪人とその子どもと、阪神間や北摂などの郊外に住む「経団連的」な大阪人のそれとは違う。大阪の街場は、前者にとってのコミュニカティヴな生活空間であり人生劇場で、後者にとってはコンペティティブなビジネスの経済活動とショッピングとグルメの消費空間である。

松下幸之助が発明した二股ソケット、はたまた安藤百福が「やっぱりエビやで！」とひねり出したカップヌードルの「製造」や「商売」と、CEOやファイナンシャルプランナー、アカウントディレクターの「ビジネス」や「マネージメント」とは、そもそもの出発点が違うのである。

大阪はまずもって生活者の街である。「社長」や「大将」「おやっさん」もその前に生活者である。

そういう土壌だからこそ、丁稚奉公時代の配達の記憶による自転車用ランプや、戦後の空腹からのチキンラーメンが発明され、住宅難からのプレハブ住宅が考案された。それは実生活感からの工夫とかアイデアみたいなものであり、だからこそ街場のきつねうどんやコーヒー屋の夏のアイスモナカ（これらも発明である）は、ことのほかおいしいのである。

そういう感覚は、いかに経費や人件費をカットして利潤を追求し、「カネでカネを買う」ショートカット・ビジネスがもっとも合理的だとする経済合理性世界にはない。そういった金融資本主義社会は、そもそも大阪の街場では「ナニワ金融道」であった。一方ビジネス界のそれは「村上ファンド」である。

話がずいぶん逸れてしまったが、子どもが学校へ行って教育を受けるのは、学力テストの点を高くとれる子どもになるためではなく、大人になる準備をするためだ。

子どもはいくら偏差値が高くても、決して大人ではなく、やっぱりアホな子どもに違いない。しかしどういうわけか、偏差値だけは高い子どもが大人になってもなお「アホなことをしくさって」と顔をしかめさせることが多くなってきた現実を、最近よく目の当たりにする。

けれども昔から大阪の街場の間では、まったく逆の話が好まれるのである。それは、ある子どもが大人になり「人からエラい」といわれる存在になった際に、「あいつはガキの頃、ほんまにアホやった」という類の話題である。あの子どもはこんなことをし、あんなことを考えてたと、その頃の実話を昨日のことのように嬉しそうに話す。

そういう街の先輩や同級生たちがどれだけいるかで、その人の人生の値打ちみたいなものが測られるのが、大阪という街のおもろさである。

東京タワーと通天閣

西加奈子さんが『通天閣』で第二四回織田作之助賞を受賞された。西さんとは以前から座談会などでご一緒させてもらったり、うちのオフィスへ来ていただいたりして仲良くさせていただいている。わたしは西さんの小説の大阪弁の会話の文体が好きで、今回芥川賞をとられた川上未映子さんもそうだが、こういう形で大阪弁の作品がどんどん世に出て認められるというのはなんだか大阪弁（関西弁）を使うものとしてはファイトが湧いてくるというものである。

織田作之助賞の授賞式の挨拶で、西さんは「大好きな織田作之助にちなんだ賞でとてもうれしい」とした上で「これからの（文筆）活動で、この賞に恥じぬように、といったがちがちの感じじゃなく、そっと背中を押してもらえたような気がするのがやっぱり大阪らしくて温かい」と、印象的なことをスピーチしていた。

さらに審査員サイドの講評で『東京タワー』（リリー・フランキーの方か）と比されたことに対して「東京タワーに上って下を見ると、ものすごくきれいで『よーし、がんばるぞ』と力が湧いてきます。けれども通天閣は、よく上ってるんですが何回上っても、やっぱりきったない街やなあ、としか思わない」と言って笑いを取った。しかし「けれどもそれはそれで深いのですが」と西さんは付け加えた。

わたしはその時、彼女に大阪人としてのDNAみたいなものを感じてグッときた。

わたしは東京タワーには多分、中学生の頃に上った記憶があるが、そこからの景色の記憶はない。なぜだか知らないが見事にない。しかし、新幹線に乗っていて品川を過ぎたあたりからのあまりにも何もかもが集中しているような風景や、街の蕎麦屋でもホテルのバーでも東京弁で喋る人が蝟集したりしているだけで、極端なときには大手町あたりの交差点で信号待ちのサラリーマンが同僚らしき人と話している東京弁を耳にしただけで、ある種の感慨を感じるのである。

それは「お前らには、負けへんぞ」といったものである。

東京はおそらくそういうことでもってきた街で、北海道の大地から、東北の一寒村から、北関東のロードサイドから、四国九州の城下町の町家の中などなどからやってきた人が、何かを成そうとして、功なり名遂げる大都会だ。末は博士か大臣か。それが上京というものであろう。

しかしながら大阪の人間にとっての上京は彼らとは少し違う。なぜなら生まれてこのかた東京にあこがれなんかない上方人にとっては、東京は必ず「勝ちに行く」ところであるからだ。

その心情は村田英雄が昭和三〇年代に歌った「王将」に見事に表現されている。

この歌は泉州は堺生まれ、明治大正将棋の勝負師坂田三吉を歌ったものだ。「わいの銀が泣いている」の三吉は無学で読み書きはできぬ。書ける文字は横線七本引きそこに縦棒三本足して書く「三吉」のみである。彼は将棋のメッカ新世界を根城に、貧乏しながらも賭け将棋で身を立てる。東京の名人・関根金次郎に二度も負けた三吉は、打倒・関根の鬼と化し、貧乏長屋暮らしで女房・小春を泣かせつつも、ついに名人位をかけた関根との決戦で東京へと向かう。

「王将」の三番にはそれが歌われている。

明日は東京に　出て行くからは
なにがなんでも　勝たねばならぬ
空に灯がつく　通天閣に
おれの闘志が　また燃える

というものである。この歌はわたしが小学生の頃、亡くなった親父がよく歌っていたから覚えている。鮨屋や小料理屋の帰りにほろ酔いの父に手を引かれながら見た、まだ飲食店の赤提灯やパチンコ屋のネオンが賑やかだった頃の岸和田の夜の匂いとともによく覚えている。

「王将」はなんといってもこの三番が良い。一番の「うまれ浪花の八百八橋」も大阪人にはたまらぬフレーズだが、ミナミの街を歩きながらの目線に入る「空に灯がつく通天閣」は東京の情緒にはない。ライトアップやイルミネーションの東京は高層建築から見下ろすものだからだ。

ちなみに村田英雄はこの歌でシングル一五〇万枚を売り上げた。デビュー三年のそれまでぱっとしなかった歌手が、将棋も指したことのない東京モダンボーイの大御所・西條八十が作詞したこの曲に起用され、押しも押されもせぬ大スターとなる。

また織田作之助の坂田三吉に対する心酔ぶりは、昭和十八年に立て続けに書いている『聴雨』『勝負師』にありありと記される。その時、坂田三吉はまだ存命、七十五歳である。

オダサクは書いている。

「いうならば所謂坂田の将棋の性格、たとえば一生一代の負けられぬ大事な将棋の第一手に、九四歩突きなどという奇想天外の、前代未聞の、横紙破りの、個性の強い、乱暴な手を指すという天馬の如き溌剌とした、いやむしろ滅茶苦茶といってもよい坂田の態度を、その頃全く青春に背中を向けて心身共に病み疲れていた私は自分の未来に擬したく思ったのである」

第一手の九四歩突きというのは、最初の一手が香車の先の端歩突きである。

「大阪の人らしい茶目気や芝居気も現れている。近代将棋の合理的な理論よりも我流の融通無碍を信じ、それに頼り、それに憑かれるより外に自分を生かす道を知らなかった人の業のあらわれである。自己の才能の可能性を無限大に信じた人の自信の声を放ってのた打ちまわっているような手であった。」(ともに『勝負師』より)。

時代は進み昭和五五年。やす・きよが全盛時の頃の話だ。坂田三吉と同じ堺育ちの横山やすしは、東京の出番では、前の出番の芸人の印象をそぐ所謂「捨てネタ」で五分以上も喋ったと伝えられる。国立劇場演芸場では二時間ぶっ通しの漫才を披露、後に「芸術祭をいわした」と自伝に記す芸術祭賞優秀賞を受賞する。

「明日は東京での大勝負、将棋の駒に己の人生を賭けた坂田三吉の心境やった」と語る。

その大阪は「人情の街」で、その地元は「負けて帰ってきた人間に対しても優しいエエ街や」とよくいわれるが、仮にそうであるにせよ、そういった下町情緒で大阪という街を語ることは、「コテコテ」「ベタでええやん」と同じくどこかヌカれたような自己肯定がある。大阪というたぐいまれな街を語ることは、「弱者に優しい」サンクチュアリを語ることでは立ち上がってはこない。

坂田三吉も織田作之助、横山やすしもしかりで、彼らは「勝つこと」とはどういうことかに手足をばたつかせ命を賭する人間であった。それは「負け方の天才」がつくられていく過程でもあり、そのプロセスこそが大阪という街そのものの「街的」なのである。

「街的」とは代替不可能な「いま―ここ」で「私」というパーソナリティがつくられていくプロセスそのもののことであり、だからこそ今なお、そういう街でしか生きていけない大阪の人がいる。

てっちりの現場作法《ディセンシー》

「食い倒れ」大阪を代表する食べ物は何か、と問われて、「たこ焼き、お好み焼き」と答えることは「わたしは子どもです」と告白することと同義である。

そしてその全く逆の答えにあたるのが、「てっちり」である。

典型的な大阪弁由来の「てっちり」の語源は、フグは食してその毒に「当たると死ぬ」から「鉄砲」であり、その「鉄砲」の省略形「鉄」の「ちり鍋」で「てっちり」となったのが通説である。文献によると室町から江戸時代を通じてフグ食は広く禁じられていたが、明治の半ばになって伊藤博文があまりの旨さに驚き、これを解禁したという。俗説ではあるのだろうが、かの下関条約が締結された下関の春帆楼がその舞台だったとも言われている。

そして今なお、フグについては食用が認められる種類や部位が、食品衛生法によって細かく定められている。

てっちりという食べ物はそういう背景から、多分にアウトロー的ニュアンスに富んでいる。

現に大阪の古くからあるてっちり屋、つまりフグ料理店のロケーションは、道頓堀や今里、西成といった歓楽街の少し外れや遊郭跡といった、ちょっといかがわしくて場末的な香りのするところに多い。そういうところにも、てっちりという食べ物が、キャビアやフカヒレといった単なるグルメアイテムではない、という微妙な性格が表象されている。

食べたり飲んだりすることを記号消費的なベクトルで引っ張っていこうとするこのところの情報化社会では、誰もがシャトー・マルゴーや大間産のマグロを望むことと同じように、赤身ばかりでなく内臓の部分を好んで食べたがる人種を生んできた。

大阪でも少し前までは、てっちりなどは玄人筋つまりヤクザな人の食べ物であり、シロウトが食べるものではない、という了解があった。だからこそ街場の大人にとっては実に旨いアイテムであるのだが、今でも大阪人の家庭では、若いＯＬの娘が忘年会などの後、家に帰ってきて「てっちりだった。ヒレ酒がおいしかった」などと言おうものなら、親は「この娘は、なんというものを……」と顔をしかめる。てっちりはそういう食べ物なのである。

わたしは、だんじり祭で有名で大阪のディープサウスと異名を取る岸和田の旧い商店街で生まれて育ったから、幸か不幸かそういうてっちり的なものには慣れ親しんできた。そういう下町的横丁的な体質は、同世代の大阪、京都、神戸といった近畿地方の街場の人間には深くきざまれている。

そんな街場の大人は、休日の昼間に洋食屋に行ってライスなしでオムレツとカキフライでビールを飲んだり、焼肉屋でロースやカルビを注文せずにホルモンだけを注文したり、行きつけの店でメニューにないものを注文したりすることが「おいしいこと」であると信じている。それは端的に「粋がる」ことには違いなく、考えてみればたわいもない行為であるが、そこには単純にグルメ情報カタログ誌に載っているような「美味い店」の「美味いもの」を商品として抽出して、それを消費してやろうというスタンスはない。あくまで店で遊ぶための方法論である。

そういったグルメ者ではない、いわば街場の食の極道者たちは、てっちり屋で鍋を囲むと、さも当然のようにまずはアラ身ばかりを煮立った湯にドサッと入れる。そして蓋をして言葉少なに待つことしばし、誰かの「おう、もういけるで」の声におのおの箸を伸ばし、時々「うまいのお」と唸りながら、きれいに身をさらう。そしてていねいにアクをすくい、アラ身にクチバシの部分や鍋皮が加わるものの、第二ラウンドも以下同じ。おっと、厳冬期に美味くなる白子、あるいは秋なら松茸というのもアリだ。ほかの具はやっとそこから入り、豆腐そして白菜、春菊のみ。それもさっと食べる分の少しずつ。そういういわば、てっちり的文脈を無視して最初から野菜などを入れる無粋者には、

「ちゃんこ、違うぞ。」

と静かに鍋奉行が注意する。今日のフグおよび全員の気分や身体状況が「イケる」となれば、アラ身だけを追加する。時にはてっちりとヒレ酒だけで満腹し、雑炊を省略してしまう。だから、大阪では「コースを人数分」とかで注文せず、「皮の湯引きと鍋」といった単品オーダーが多い。

そういうディセンシーつまり現場作法のようなものが、連綿として街の先輩から後輩、時には父親から息子へと、実際にてっちり屋で一緒に鍋を囲むという仕方で伝わる。それはメディアの中の職業

グルメたちが、鮨屋ではどの順番で何を注文するのが正しいとか、鴨のコンフィにはどんなワインを合わせるのが常道だ、と説くようなかたちで明文化・情報化できるものではなく、もちろんマニュアルといった類のものではない。

なぜなら、「フグを食べる」ということは元来アンタッチャブルな行為であったからだ。今でもフグを扱うには免許がいるし、キモなどの部位は供することが法律で禁じられている。そして全国のフグの消費量のおおよそ六割が、大阪で消費されている。それが食文化という大層なものであるかはわからないが、「天下の台所」大阪というところは、江戸はもちろん同じ上方でも京都などと違って、町人層が九割を占める街でもあり、てっちりは、確かに大阪の食の風俗である。

待ったらんかい、ちょいワルおやじ

三〇～四〇代の夫婦なのかカップルなのかは知らないが、二人でスーツを買いに来て男は女に見せる。

「どう?」

「よく似合ってる。ふつうのサラリーマンに見えない」

「じゃ、これにする」

といった会話が多くなったと、デパート内のセレクトショップで働く旧くからの友人が言う。こういった風潮に対して、ちょっと複雑な心境だ。「いったい、どんな人に見られたいんや」と怒ってもいる。そして以前ならそちらの世界系だったスーツを、よく売れるがゆえに売ることについて、自省的になってもいる。

なるほど、何となくわかる。お客である男は「ふつう」のサラリーマンであるにちがいない。どこから見てもそうにしか見えないし、そのどこに問題があるというのだ。けれどもその正真正銘のサラリーマンの男と女が、カッコよくて似合うと自分たちで言う職業は「ふつうのサラリーマン」ではない。それはどういうことなんだろうか。

服屋の彼が言うには「ちょいワル」感覚なのだそうだ。へえ、まだそんなことやってるんや。「ちょい不良《ワル》おやじ」というのは、よく知られていることだと思うが、ある男性誌がつくったキーワードである。三〇代後半～五〇代で年収一千万～三千万円。この手のファッション系男性誌は、マーケティング的にはそれ相当の富裕層がターゲットで、服や時計や靴やバッグ、シャンペンや美食やバカンス、クルマや船や家やインテリアをじゃんじゃん買ってもらうことにその媒体価値があるから、そういった消費をあおる。

そのキモの部分であるところのテイストが、一昔前で言う「飲む打つ買う」の「その筋」の玄人世界の匂いがするスタイルで、そこにオリーブ油を効かせたようなイタリアンテイストが加わる。その例が派手なストライプのイタリアンスーツ着用であり、その小さなディテールがシャツの胸をはだけたり、金無垢の時計やチェーンや指輪を装着したりする「ちゃらっ」とした感覚である。そんなのはこちらでは、昔から珍しくも何ともなく、北新地にも笠屋町玉屋町にも祇園でも三宮でも夜の街に行けば、金融や不動産業や遊技場経営の人や、大学生なのに赤や黄色のフェラーリをおもちゃにしているボンなどいくらでもいた。

しかし一番のポイントは、四〇代とか五〇代のええ年こいた「おやじ」が、女の子、それも自分の娘の世代にも近いような二〇代のOLやさらには三〇代独身の「負け犬」にモテることの目的化である。そういうカップルを毎号登場させて表紙にしているファッション系男性誌もある。しかしながらそういったことは「ふつうのサラリーマン」にとっては、その進行具合と場合によれば会社をクビになりそうで危ない。だからスーツぐらいにして「ちょい」で止めとくのである。あくまでもファッション広告的差異化によるイメージの世界なのである。

けれどもこの「ちょいワル」というのはこの時代にとって、なかなか汎用性があるイメージ概念で、もう古いネタやないかなどと思っていたのだが、そのスタイルがセレブとかエグゼクティブとかプレステージではなく「ワル」（ちょいであるが）というところが、なかなか絶妙なところを突いていて廃れない。

どういうことかとウィキペディアで検索してみると「ちょいワルおやじ」の生みの親について、「ＴＢＳ系列『情熱大陸』では（中略）『ちょい不良』ファッションを身にまとい、葉巻を咥えながら編集会議を行い、『そんなのじゃ、モテないいんだよ！』と激怒する場面などが放送され、視聴者に強烈なインパクトを与えた」

とあり、なかなか爆笑させてくれるのだが、それでもわたしやその服屋の友人は「ちょいワル」には「ちょっと待ったらんかい」的に違和感があるのだった。そのちょっとしたいわば「半玄人のシロウト騙し」なところに、うさん臭さとともにどこまでも「ヘタレ」な感じがしてしまうのである。

それはわたしや彼は街や祭やらに揉まれて育ち、ミナミや神戸や岸和田といったリアルな街場で「全ワル」や「超ワル」の人びとをイヤというほど見てきたからであり、「ワル」の桁外れのおもろさも怖さも哀しさも知っているからである。そこには「半ワル」もない。ワルは全身まっ黒けなのがワルたるゆえんで、そうでないとおもろいこともなんともない。しかしながら、それを他人事で近くで見ている分には、おもしろがったり逆に顔を背けるだけでいいが、絶対関わりたくはないというのが、わたしも彼もが共通して持っている感覚だ。それは堅気ながらの堅気として、すなわちシロウトながらのシロウトとしての矜持、つまりまっとうな人間としての誇りのようなものである。

「ちょいワル」というのは「半玄人のシロウト騙し」でありそれは「シロウトの玄人的発想」である。その感覚は表と裏、クリーンとダーティー、ビジネスにおいては実業と虚業、つまりシノギと正業の区分けや境界を無くしてしまう。まさに「今」を象徴するこのような社会的な風潮は「ノリのようなもの」みたいに、「ふつうのサラリーマンに見えない」ファッションのみならず、街の店にもそこかしこに見られる。

たまに北新地に行くと、クラブのママは「キャバクラの進出で苦しい。新地も風俗店化した」とぼやいているし、ホステスは「あの子らの仕事は六〇分いくらのバイトで、そのあと店外デート個人営業」という。こうなると一体どちらが玄人でどちらがシロウトなのかがわからない。

三宮の「木の床、ペンキ塗り、ボサノバ系カフェで夜はバーもやってます」的な店では「周年」をやったり、「タパス、ピンチョス流行スペイン・バル」的バーでは「女性スタッフの誕生日」には客に案内状を書いたりするのが当たり前で、そんな時は普段はあまり来ない客が、いつもはメニューに書いてあるだけのシャンペンを抜きまくったりの大騒ぎ大売り上げをする。そういうことを聞くと違和感を通り越して「怖いなあ」と思ってしまう。

その「ノリのような風潮」を裏打ちするのは、バブル以降の経済社会の変容である。容易にカネになるなら、今までは玄人扱いだった類のものまで何でもやってしまう感覚だ。ビジネスの世界のカジノ化は、株価の不正操作を当たり前にし、インサイダー取引をＮＨＫにまで持ち込ませた。ミナミで知り合ったばかりの女に美人局《つつもたせ》をさせた甲南大生や、大学には警察が来ないから安全だとキャンパス内でマリファナを密売した関大生はまるでギャングである。

こういった「玄人はだし」のシロウトは、街場では伝統的に堅気の側でもあちらの側でも禁忌してきたはずだ。なぜなら、その「ちょいワル」感覚は「チンピラ」そのもので、とても気持ち悪くて格好悪いからだ。

「やまびこ的商空間」のオペレーション

編集者のOくんの話で盛り上がる。

それはコンビニやファミレスなどで店に入ると、必ず店員からされる「いらっしゃいませ、こんにちは」のことである。

この「ませ」の部分の音階が変に上がる挨拶については、これは絶対大阪発祥ではない、とかの議論はあるが、彼が学生時代にアルバイトをしていた「ブックオフ」が一番徹底していた、とのことである。

その「ブックオフ」では、そういった挨拶のことを「やまびこ」と呼んでいるそうで、どういうことかというと、客が店内に入るのを確認した一人のスタッフが「いらっしゃいませ、こんにちは」と言う。それを聞いた別のスタッフが次々に「いらっしゃいませ、こんにちは」と同じ調子で言うというもので、店の中を「いらっしゃいませ〜」の声が、ぐるぐると回遊することから「やまびこ」と言われているらしい。

そういえば、「ブックオフ」に行くと、一階から二階、三階と、この「やまびこ」が竜巻みたいに昇っていくのを聞いて、「すごいなあ」と思ったことがあるが、アルバイトの店員たちは本棚の整理をしていようが、本を運搬していようが、「やまびこ」に反応するように身体が馴れてしまうらしい。

Oくんは、その仕事帰りによく近くのラーメン屋で食べて帰ったのだが、店内でラーメンをすすっているとき、タオルを巻いてラーメンを湯がいている兄ちゃんから、「いらっしゃいませ」という声が聞こえてくると、「あ、言わなあかんと、体が反応してしまってつい口から出そうになりますねん」と言って、座の笑いを取っていたが、さもありなんと思う。

そしてそういう店舗のことを「やまびこ的商空間」と勝手に名前をつけて、「おお、ええネーミングや」とみんなの喝采を受けて悦に入っている。


考えてみると、このような「やまびこ的商空間」は、先述のコンビニ、ファミレス、ファストフード、カラオケ、レンタルビデオショップ……と至る所に増えてきた。「一緒にポテトはいかがですかぁ」というのも「やまびこ」の一種だし、セレクトショップで試着して、必ず「おつかれさまです」と言われるのもそうかもしれない。そうかオレは「イモ」やったんか。そして、別にジャケット羽織るぐらい、疲れへんわい、である。

そういえば、と思い出したのが、阪神間のとある中学進学塾の話で、生徒が教室に一人二人と入ってくると「こんばんは」と塾講師たちが「やまびこ」する。これは「明るい進学塾に」ということであろうが、生徒の小六生はそれに対して挨拶を返さない。その話を聞いて「なんちゅう態度が悪いガキばかりや、受験問題集よりも先に勉強することあるんちゃうんか」と思わず熱くなるが、ちょっと待てよ、ひょっとして子どもにとっては、それが挨拶とは受け取られていないのではないか。こういうコミュニケーションについては、子どもは正直だ、と思ったりもする。

「やまびこ的商空間」では、完全に客に対しての「コンタクト」としての挨拶やことばのフレーズをマニュアル化してしまっているのである。これを「オペレーション」と言い換えると、もっと「それっぽい」気分が出る。

この「それっぽさ」は、このところの居酒屋やレストランといった業態にも見あたる節がある。それが、ただ今「飲食」という言い方でされる業態である。

「飲食」は「飲食店」というときの発音とは違って、「い」ときて「ん」の所を少し上げ、「しょく」を一気に下げる発音であり、「どちらかというと、飲食やりたいね」というふうに使われている。

彼らにかかると、立ち飲み屋もショットバーもレストランも「やまびこ的商空間」に「オペレーション」されてしまう。店内でお盆か何かを床に落として「失礼しましたぁ」と「やまびこ」する。その声の方がうるさかったりするが、それにはお構いなしであり、実際のところは「ごめんなさい」ではなく客のことなどはあまり考えていないのだ。

こういう商空間には、グラフィックデザイナーの気配ビシバシのメニューに「和歌山からの鯛の造り漁師風」とか「朝びきの宮崎産地鶏モモ焼き」とか書いてあることが多いが、単に「鯛造り」「鶏モモ焼き」では、何であかんのか、と逆に勘ぐってしまう。

九〇年代の後半頃には、「手づくりな感じのカフェをやりたい」という、ニットキャップにセル縁横長眼鏡系の若者たちが多く登場し、とても空虚で軽薄な感じがしたが、この「飲食」のほうが「それよりもそれっぽい」というか、恐ろしいなあと思ってしまうのだ。

店の雰囲気、あるいは活気。そしてお洒落っぽさ。これらは飲食店の根底を左右する要素であるが、それを醸し出すことをシステム化しようとするのは、木の床ペンキ塗りのカフェよりも、もっと違う話である。

居酒屋やバーなどの酒場やメシ屋、例えばまだまだ流行中のワインバーにしても、カウンター形式のイタリアンにしても、飲食店は本来そのオーナーやシェフやスタッフの自己表現的な面がある以上、その結果として「おいしい」といったそのものに加えて、「クール」だとか「シブい」といった店自体の輪郭や手触りが立ち上がる。

しかしながら、この「飲食」が「飲食店」と決定的に違うのは、例えば「お洒落」にしろ、何かの表現の結果としての「お洒落」ではなく、それをも初めからオペレーションとしてマニュアル化したり記号化したりすることで商売をやっていこうというベクトルだ。

住宅やマンション造成はやはり不動産業であるのと同様に、飲食業はとどのつまり水商売であるわけだが、そこにファッション業的手法を取り込んでやってきたことが、八〇年代からのカフェバーやディスコの「躓《つまず》きの石」であった。

そして「やまびこ的商空間」と「飲食」のコミュニケーション空間にあるのは、客の顔を見ないでの「いらっしゃいませ」であり、どこか嘘っぽいムードがする店の入口スタッフの「インカム」である。そこには「二人、いけますぅ?」と人差し指と中指を出せば、「ちょっと、詰めたって」とたちまち二人分の席が魔法のように空いたり、「もうちょっとで空くと思うし、すまんけど、一回りしてきてえなあ」という、街場のいい店の空気や洒落や関係性はない。

コミュニケーションすらも、オペレーションの内部に収斂させていこうとするシステムの閉鎖性。この閉鎖性は店にとっての一番の資産であるはずの「これから」の若い客を損なっていくのと同時に、「飲食店」というものをじわじわと腐らせるような仕方で根本から変えていくような気がする。

彼女たちの自己決定／自己責任

普通の平日の午後四時頃、三ノ宮から大阪に向かうＪＲの新快速に乗っていた。

夕方前の新快速は、立っている乗客がぱらぱらといった感じの混み具合で、扉近くの四人がけ席に座っていた。

真向かいには、梅田のＨＥＰ ＦＩＶＥとかなんばＣＩＴＹにあるようなカジュアル系の服屋で「アルバイトしてますぅ」な大学生風の女の子が座っていて、ワニ革型押しの大きなショルダーバッグから、デカいポーチを取り出して、いきなりメイクをし始める。

こんなのはよくある光景だし、難波から岸和田に向かう南海電車の中では、おっさんが鼻くそを取っていたり、おばあちゃんがミカンの皮を剥きながら食べたり、ある時は爪を切っているおばはんを目撃したりすることがあって、別に車内で化粧でもなんでも勝手にしさらせという気分だったが、女の子は透明のアクリルケースからいきなり「つけまつげ」を出した。

つけまつげなんて、それもつけまつげを付けるシーンなどは滅多に見られないから、思わずじっと見てしまうと、その女の子はオレの顔を見て、何と不敵に「にこり」と笑った。

オレはこちらがちょっと恥ずかしいような何ともいえない気分になって、視線をそらすと、隣に座る中年女性は、わざとその子を見ていない、という感じだった。

またちらっと女の子を見ると、チューブを取り出してつけまつげに塗っている。接着剤か……と静かにうなずきながら、なぜか彼女はきっとヘソにピアスを入れてるんやろな、タトゥーもきっと肩やら胸やら足に彫りこんでるんやろな、と勝手に想像してしまった。

電車も大人も世界のありようも、そして大阪でのオレの仕事だって隣の中年女性の用事だって、この女の子に完全にナメられている。そういう気がして一瞬、説教したろかしばいたろか、と思ったが、そういうことが彼女たちの「自己決定／自己責任」なのだと、自分自身を納得させた。


街のど真ん中でコンビニの前に座るガキや電車の中でのケータイや化粧は、彼らの育ってきた社会環境の「所有領域」に密接に関わっている。家では「自分の部屋」「自分の電話」……と、所有するものや空間がきっちりと他人、つまり親や兄弟から分かたれている。家の中で、親父が家族にとっての公共の空間であるはずの洗面所や風呂で、娘の洗顔石けんを所定位置からどけたり、妻のシャンプーをちょっとでも使うと烈火のごとくしかられる、ということはよくある話で、親父はサライおやじにでもなって「男の書斎」にとじこもりたくもなる。

彼らは生まれた時から消費者としてターゲット化され、お金を払って買ってくれるなら小学生であっても、消費主体＝「お客さま」として神様扱いされてきた。街的な店ではそういうことは絶対ないが、子どもの「自己決定」による消費は歓迎され、その都度、「お客さま」はある種の全能感を得る。

漢字もろくに読み書きできず、人に対してものの言い方すら知らないガキでも、消費者つまり顧客だから、気に入らなかったらデパートの店員さんにクレームを付け、時には「責任者出てこい！」「店長を出せ」とキレるのも自由だ。

そういう綿菓子のように甘ったるいが、実はコアがない経済合理性交換原理の世界では、自分が消費したり所有したりすることにおいては専制君主で、自分の所有していないものや空間にどういうふうに接して良いかがわからない。だから、公園や駅や電車の中という無所有領域では放縦になる。

以前、『ミーツ・リージョナル』の別冊『街的生活本』でルームシェアの取材をしたことがあったが、彼らのほとんどの公共の場所は、トイレと風呂場だけしかなく、それがものすごく汚かった。そういえば共同のリビングってあったかなあ、と思い出そうとしても出てこない。駅や車内は公共空間であるが、彼らはそもそも公共空間というのがこの世にあることを知らないのかも知れない。

しかし実に自分らしくて楽しい自己決定／自己責任は、消費社会だけに限られることで、ほかの社会では、何もかもまったく一人で試練や競争に立ち向かうことであって、丁半バクチに負けるとすってんてんだ。

つまり、勝てば一人総取りのかわりに、全てのリスクを引き受けなければならない。だからボンクラでシロウトな彼らは、なかなか手が出せない。

彼らも、ITにしろ株にしろ、ビジネスで成功したり、起業したりするというのは実は「そういうことなのだ」、というのはちょこっとは感じているが、だからといってどうすることもできない。「どうせオレたち、ニートですから」と笑うか、自分の所有する（そもそもそれは親父が与えたのだが）部屋にひきこもるしかない。

一方、「キミは絶対、変われる」や「キャリアアップできる」「自分で気づいていないスキルを発見」なんてコピーがはびこるのは、「オレは誰の前でもオレだから」で、ダボダボのパンツは好んで下げてはくが「石原慎太郎にもセンコーにも彼女の親にも、誰にもアタマ下げねーから、そこんとこよろしくぅ」なのである。なぜか言い方が東京弁になってしまったが、そういうヤツは岸和田に来て、カオルちゃん（@中場利一『岸和田少年愚連隊』）に一発ドツいてもらうとわかるかもしれない。

だから、からっぽでもすかんぴんでも、自分の身体は疑いのない私有物だから、電車で化粧もするし、コンビニの前に座ってものも食べるのだろう。唇やヘソにピアスを入れたり、腕や胸元に入れ墨を彫り込んだりを平気でするのもそうだ。そして誰もが取れる究極の自己決定／自己責任は自殺である。

そういう非力な彼らにとってシビアな時代は、「カネで買えないものはない」で「お金儲けして何が悪いのですか」の価値観がつくったものに違いない。内田樹先生と平川克美さんのミーッ連載をま

とめた単行本『東京ファイティングキッズ・リターン』（バジリコ）が出来てきて、あとがきの巻末対談を見ていると、

知ってた？「自己決定・自己責任」って言い出したのは、小渕内閣のときにできた政府の諮問機関だったんだよ。「自分探しの旅」は中教審答申の中にあった文言だよ。

というのがあって、ここ一〇年、国ぐるみでみんなでよってたかって、彼女に電車の中でつけまつげを付けさせるように仕向けてきたのがわかる。

「街のルール」と身体論

なんでその筋の人が、フレンチとかイタリアンとかのレストラン、あるいは和食では料亭といったところより、極上のトロが出るとても高い鮨屋や、血統書付き神戸ビーフのロースが自慢の焼肉屋（セラーがあって、凄いシャトーもののワインが置いてあったりする）や、アワビやエビやステーキを目の前で焼くシティホテルの鉄板焼き屋を好むのか。

こういうことを、このところ行きつけでお世話になっているお好み焼き屋の大将と話をして、大いに盛り上がった。

このお好み焼き屋は、近所の広東料理屋とか鮨屋に混じり、地元の「うまい店」として知られており、中学校の先生も料理人もラガーマンも、ボスと呼ばれる人も来る。「和牛ヒレ炙り焼き」とか「エビ野菜焼き」とかのお好み焼きじゃないメニューや、親戚の魚屋からもってくる鰹のタタキやカンパチのカマなどが出されるような店だ。酒や焼酎の種類も多いし、土曜の昼に行けば赤ワインを飲んでいるおじさんおばさんカップルもいる。こういう街場、とくに下町のお好み焼き屋の客は何でも食い尽くす。

そこであれこれ食べ飲みしていて、知人がこんな話をしていたのを思い出した。

「うちの戦前生まれの叔母は、子どもの頃、教育をきちんと受けられなかったので、読み書きが得意ではない。店に入っても難しいメニューが読めない。だから、目の前にネタが並んでいて『これ握って』と言える鮨屋のカウンターとか、サシを見てそのものズバリの肉を選んで、焼き方や大きさは好きに指示できる鉄板焼き屋ばかり行っていた」

彼の叔母は地元の猛烈にお金持ちな商売人の妻で、とてもグルメである。女性だし、もちろんその筋の関係者ではないけれど、グルメ本を見て店に行くようなタイプではない（話を聞いたりしゃべるのは好きだが、あまり文字を読むのは好きでないから）。

この人たちは「頭ではなく身体」で店を覚えているし、そこでの振る舞い方を知っている。そして「身体が知らない」ところには行かないのである。

街には店や食べ物やお酒などなどの情報やデータを頭にたたき込むようにして、それを「街のルールや遊び方」にする人間と、そうじゃない人間がいる。そうじゃない人間は、筋肉を鍛えるように街で実地訓練を繰り返し、街力をつけ、反復し増強する。そういう意味で彼ら彼女たちは、街のリアルな生活者《プレイヤー》であり、賢い消費者などという人種じゃない。

頭で覚えた情報やデータだけだと、突発的な状況に身体が反応しないので、知っていること、あるいは覚えたことだけしか楽しみがない。

しかし、その時その現場で、身体が「街のルール」を吸収すると、いつもよりもちょっと右にそれたはずのボールを身体が反射してキャッチすることができる。

街の現場では、そうした暴投、失投を互いに投げ合うことの方が、正しいキャッチボールよりも多いし、だから時には変化球を投げたり、いつまでも投げ合うことが楽しくて面白いからやめられない。その「街のルール」の基礎体力をつけるトレーニング場となるのが、こういったお好み焼き屋に多いことは、関西では不変の事実である。

正しく暴投を繰り返す大人がキャッチボールを繰り返すお好み焼き屋では、教科書通りの球を投げる人間は嫌われる。そこらへんの街の機微がわからない人間は、街的には「子ども」あるいは「いなかもん」と認識される。

そして、街のトレーニング場としての「お好み焼き屋」は、子どもが子どもとしてスポイルされ切った教育現場のような、子どもに対する特別扱いはない。子どもはつまり「不完全な大人」として扱われる。そして「いなかもん」は、街では「嫌われもの」と同義だ。

街のお好み焼き屋は、その街の大人の社交場であり、駅のホームであり、病院の待合室であり、市場の休憩所でもある。つまりパブリックな「場」なのである。だから、例えば子どもが奇声を発するような言動は場を乱すことになるので、退場させられる。

例えば、野球帽にスウェット姿のおっさん同士がビールとイカ玉でパ・リーグを応援しているカウンターにずかずかと入り込んできて、「雑誌で見たんですけど、イカが美味しいんですよね～。どこ産のイカなんですか。あ、お水いただけますか。わ、なんだかベタベタしてるなあ。ここ拭いてもらえますか」みたいな振る舞いはゆるされない。即刻、大ブーイングの退場である。

街場のお好み焼き屋では、地元のおっさんやおばちゃんが正しいと決まっている。もっと正しいのはカウンター内で、かちゃかちゃと忙しくテコを動かしている大将やお母さんである。その暖簾の外や高級レストランではどうあれ、この店ではそういう人が正しいプレイヤーなのだから、そうじゃない自分は規定外品。つまり不完全であると認識しなくてはいけない。

街のお好み焼き屋では、メニューというものは「すじ」「ミックス」とか、あるいは前述の「和牛ステーキ」「エビ野菜焼き」とかの「そのもの」だけだ。けれども同じ値段で同じだけの量が出てくるかは決まっていないし、常連のおっちゃんはメニューにない目玉焼きや頼んでもいないゲソの焼いたのを食べていたりする。場としてはまことにパブリックだが、なぜかえこ贔屓と不平等に満ちた場所なのだ。

そんな場所で違和感を感じたり、浮き上がったりするように、店の客・店主・空気・出された料理……が現場となり、その時に直接的に「店のルールとは何か」を教えてくれるのが、お好み焼き屋の本質である。そしてそこのルールは「いっつもそうだから」「カオルちゃんだから」以外にはないから、それは正しいか、とかを考えている暇も必要もない。

そんな街のお好み焼き屋で嫌な思いをしたことがある人は、その店でワガママを言えるようになる可能性があるが、嫌な思いをさせられているはずなのにそれにすら気が付かない人は、いつまでもその店の何もかもを知ることはできない。

何だか居心地が悪くて違和感を感じた自分は、その場では不完全な存在で、つまり子どもであることを知れば、はじめて大人という存在を感じることができる。

それが街の大人への第一歩かもしれない。

自分の地元がいちばんうまい！

「料理通信」という非常にソフィスティケートされた食関連雑誌から連載の話がある。東京・京都・大阪の「本当にうまくて安いもの」についてのクロス連載で、大阪の「うまい安い」の食べ物や店について担当すべし、ということである。

大阪は何でもうまい。

とりわけお好み焼きやうどん、串カツといった日常的な食べ物は、東京に比べると圧倒的にうまい。けれどもその「うまい」は、例えばきつねうどんの場合、南船場の「松葉家」と道頓堀の「今井」と西田辺の「ゆきの」とがあって、それを情報誌の「炎のラーメン王」みたいな感じでＡＢＣの順番で食べに行って、麺の太さはスープの材料は……と比べたりするみたいなやり方では感じることができない。

もちろん、この三店はどれも相当うまいから、行けば必ず裏切られることがないが、あそこと比べてだしが麺が値段がどうだとかを言及しているうちは、街の日常の安価な食べ物の有り難さは浮かび上がってこない。

わたしは常々「うどんとお好み焼きと洋食（おっと鮨も）は自分の『地元』のが一番うまい」と

思っているが、近所にこういう店がある幸せは、住んでいるマンションの向かいがローソンで、たばこもラーメンもビールも傘をささずに買いに行けるというのとは違うし、大阪の淀屋橋や神戸の北野に住んでいるから美味しいフレンチとイタリアンには事欠かないというものでは絶対ない。

「地元」というのは、「自分が生まれ育ったところである」と確信を持てる人はこの時代にはむしろ少数派になっている。

「地元」というのは、たまたま大学に進学して親元を離れ下宿した先がその街だったとか、就職先のオフィスの最寄りの駅がそこだとか、あるいは先輩や友人に飲みに連れて行ってもらった店がきっかけでその街が「地元」になったとかさまざまだが、「地元」というのは、まさに自分が立っている地面そのものの範疇の場所で、いつも「自分」に含まれている（拙著『「街的」ということ』一二四頁）。

だから、休みの日は必ず食べに行く洋食屋がある近所の商店街も、仕事帰りに寄る立ち呑みの串カツ屋がある駅前も、わたしにとっては地元で、あるおっさんにとっては夜ごと夜ごとのクラブ遊びの北新地も地元になるわけだ（これは、うらやましい）。こういったことから誰にも複数の地元がある、というのが妥当である。

そしてその「地元」は「うさぎ追いしかの山」的な「郷土」のようなものとしてはとらえることはできない。たまたま異国に住み着いて、異郷の街が地元になることだってよくあることだ。

わたしは地元とは「なぜここは他所ではないここ」であるかということと、「ここにいる私はなぜあなたではなくほかならぬ私」であるのかの関係性の網の目みたいなものであると考えているのだが、その網の目にひっかかる「誰によってでも代替されない私が依って立つ場所」が、わたしにとっての地元である。だから地元の食べ物は大変うまいし、誠にいとおしいと感じる。

安倍晋三の『美しい国へ』（文春新書）には、こういうことが書いてある。

「自分たちが生まれ育った郷土にたいするそういった素朴な愛着は、どこから生まれるのだろうか。すこし考えると、そうした感情とは、郷土が帰属している国の歴史や伝統、そして文化に接触しながらはぐくまれてきたことがわかる。とすれば、自分の帰属する場所とは、自らの国をおいてほかにはない」

とても気持ちが悪い文章だ。この「郷土」を「地元」に置き換えるとかなりヤバイとわかるのだが、こういうパトリ的な地元感覚を「郷土が帰属している」ということで国つまり国家や民族性に結び付けるというのは、宮台真司氏によると「ヘタレ右翼」のやることだそうだ（『限界の思考』（双風舎））。

そして「パトリオティズムとは入れ替え可能化に抗う思想のことです。『たかが人為的構成物にすぎぬ国家がパトリを屠るなら、これを革命する』——これぞ右翼の本義です」（同三五頁）とヘタレ右翼との違いをきっちり述べている。

ブルセラ・援交の（だった）宮台氏にスパッとそう言われると、ちょっと意外で何やら怖い気もするが、「日常的なうまいもの」というのは、「わたしにとっての地元」という意識があって初めて出てくるものであって、リーズナブルなどといった感覚や広範囲な日本とかのレベルでは測ることはできない。

家から歩いて一分のコンビニで買うチキンラーメンや堂島地下センターのモスバーガーの普通のハンバーガーもうまい（とわたしは心底思っている）し大好きでよく買うが、そのローソンやドーチカは自分の地元の店だとは思っていない。だから、うまいけどうまくない。毎日、そのローソンやモスバーガーに行って、そこの店員さんと顔を合わすことがあるが、その店の店員さんと知り合いにはならない。

コンビニやファストフードやファミレスはシステムだ。だから徹底的にマニュアル化されている。そのマニュアルは、どんな客が来てもバイトくんやパートさんの誰が応対しても「いらっしゃいませ、こんにちは」だし、スマイル0円である。顔がない匿名性と入れ替え可能な交換経済の装置である。だからそこでは人と人の人格的な出会いはない。毎日行くからといって「オレはあそこの吉牛の常連だ。今度連れて行ってやろう」という話は、ギャグにしかならない。

わたしがご当地ラーメンのことを編集したくないのは、それがまずいからではなく、そこにはテーマパークとしてのねじれた「地元」しかないからであり、あらかじめ「一部の」としておくが、町家や長屋改造店や道頓堀のたこ焼きや新世界の串カツのことを書く気がしないのは、そこの地元としての人のありようやありふれた日常生活での人と人とのやりとり、つまりその地のコミュニケーション的生活世界というものが見えないからだ。

大阪はわたしの地元であり、あなたの地元である。そういう大阪に求められるのは「地域ブランドによるまちづくり」である、というようなハナから記号や情報による差異化それ自体を目的化するような倒錯的な発想ではない。

テーマパーク造りは、プランナーやイベント屋に任すのは別にいいが、大阪の「うまい安い」を舐められては困るのである。

「ミシュラン東京」に欠けているもの

大阪はそうでもないが、東京では『ミシュランガイド東京』がえらい騒ぎになっている。東京に出張に行くたびそう思っていたが、テレビのワイドショーで、おじいの自称グルメ俳優が「あれはダメだ。オレの行く店が載ってないから」と熱くなっていたり、新聞では「四日で完売」の見出しで五段ヌキで書かれていて、「発表当日は（三つ星の店は）電話を置いた瞬間に次の電話が鳴る騒ぎに」とある。『AERA』には「『ミシュラン』の格差社会」というタイトルで「聞こえてくるのは、大量のブーイングだ」と述べられている。

そうなると根がうれしがりのわたしは、早速『ミシュランガイド東京』を買いに走るのだが、大阪でもあっという間に売り切れたようで、どこに行ってもない。「一二月中旬に入荷します」と近くの［旭屋書店ドーチカ店］の店員さんは言っていた。

たまたまその騒ぎ（といってもメディアと飲食がらみ「業界人」の間だが）の最中に、東京でアラン・デュカス氏と会う機会があった。彼はその数十以上と、世界中で一番「星」を持っている料理人である。

そのミシュランについて、「どう思うのか」と御大から聞かれたが、こちらが答える前に「日本では関係ないね」と言っていた。「京都や大阪ではどうなるか」という彼の質問には「あの編集の考え方ではちゃんとしたガイド本は難しいでしょ。断る店が出てくるのでは」と答えると、彼は笑っていた。

デュカス氏は日本通である。東京ではシャネルとやっている「ベージュ東京」と青山の「ブノワ」の二軒のレストランを運営していて、そのどちらもが一つ星だったことは割り引いても、きちっとそのあたりは理解しているのだと思う。

一昨年の秋、グループ・アラン・デュカス日本代表のルノーさんと懇意なわたしは、デュカス御大を大阪にお招きし案内した。それを『あまから手帖』で八ページにわたって書き編集したのだが、世界中に二〇カ所以上のレストランやオーベルジュをもつデュカス氏は、大阪や京都で「われわれ」が「何をおいしがっているか」をよく知っている。

デュカス氏は「土地に対しての敬意」というテロワール性を料理哲学にしている。テロワールとは、その土地の風土から生まれる食材、料理法、気風……といったもので、代替不可能な土地の個性である。

わたしは二日間、大阪で「すし萬」「今井」「㐂川」「トゥールモンド」「吉兆」、そして早朝の中央卸売市場へも千日前道具屋筋にも彼を案内した。フリでは南地中筋「アラビヤ珈琲店」で一緒にコーヒーを飲んだ。辻調理師専門学校の総帥・辻芳樹氏との対談も設定し、そこでは「店を出すということは、自らのストーリーを語るということでもある。人間、技術、歴史といったものの調和がそれを成り立たせている」との発言に頷くことしきりだった。

『ミシュラン』はわたしも三〇代の頃、パリや南仏に旅行に行く際は必ず見て行った。「ジャマン」が三つで「ラルページュ」が一つという風に星を覚えていたし、実際大阪・四ツ橋の「ラ・ベカス」の渋谷圭紀シェフに頼んでわざわざ予約を取ってもらったり、完全にうれしがりだった。ちょっと恥ずかしい話だ。

けれども東京版の『ミシュラン』は、ガイドブックとしてはそぐわない。街的でないからだ。それは調査員がちゃんと店を取材していないとか、鰻や蕎麦や焼肉といった日本の食をわかっていない、といったことではない。

それは、こちらではまだまだ〈食〉というものは、消費活動のためのものでなく、生活者つまり暮らしのなかのものであると思っているからだ。街は経済活動の場であり消費空間であるが、非常に街的度が高い人間からすると、それは生活の場に違いない。

マクドナルドがターゲットとしているのは生活者でなく消費者である。だからわたしの地元の「おじいおばあしか居ない」商店街には出店はしないが、梅田地下街にも田舎の巨大ショッピングモールにも出店する。同様にこの『ミシュラン東京』のガイドも、徹底して生活者ではなく消費者のためのものである。

わたしが少し前、『ミーツ』ほかいろんな雑誌や『大阪本』『京都本』といったガイド本を通じてやろうとしていたことは、例えば南船場なら、［松葉家］の六五〇円のうどんと［吉兆］の昼ご飯二万円とがきれいに街場で並列しているのが南船場という場所であり、それは街的にはどういうことかということだ。強弱、大小、優劣ではなしに。

図らずも［船場吉兆］が「外食産業的」にああいうことになったが、「南船場のうまい店」ということなら、［松葉家］も［吉兆］もどちらも疑いようもなくそうである。そして街のガイドブックを作る場合には、「両店どちらも採り上げる」「片一方だけを採り上げる」の二パターンしかないが、［松葉家］も［吉兆］も「街のいい店」として同じ座標軸で見るような視点や、一つの連続する文脈で語れないか、という問題意識がないと、こんな仕事はやっていても面白くも何ともない。

そして「そこのみ」が雑誌としての所謂「読むところ」である。あとは店データ、つまるところ「消費のための情報」だ。

わたしは「鮨と洋食とお好み焼きは、地元のが絶対うまい」ということや「浅草や千日前や岸和田では、陽が高いうちから飲むことがまかり通る」ことに、「何でや」と考えたりそういうことを書いたり編集したりするのがおもろいから、それを説明しようと四苦八苦し、時にはのたうち回りながらやってきた。

京都・錦市場のバッキー・イノウエの店原稿がおもろくて、彼の書く（行く）店はうまいと思うのは、彼が店で漬物を売り炭火で魚を焼いて食べている、その京都の暮らしのリアリティにおいてしか書かないからだ。

街にコンビニやマクドナルドやチェーン店のカフェが増えているのは、それがフリーターのアルバイトのスタッフだけで月坪売り上げ五〇万円以上が可能な商売で、どこから見ても「経済合理的」だからである。だからこそ目指すのは「人と人とが出会わなくても店が回るシステム」である。だからといって街のわたしたちは「コンビニに行かない」ということではなく、おでんと黒霧島と氷を買って帰って、リモコンでテレビをつけてマンションの一室でまったりしている。番組をザッピングすると、京都でも博多でも同じみのもんたが東京弁で怒っている。そういう消費者的な「みんな」がミシュランについて、あーだこーだと言ってメディアに露出して騒いでいる。

底の抜けた社会というか、まことに「チョロい」日常である。

『ミシュランガイド東京』のこの手の「経済効果」によって、銀行やファンドは「星で金を貸し」、企業化した料理人が増え、「飲食業」はどんどん星を取れるような店をつくらせる。

「消費社会」である「東京」の、マクドナルドとちょうど表裏一体のグローバルスタンダードで貧弱な〈食〉が星として輝いている。

和製テーマパーク京都の一線

雑誌や情報誌では、春夏秋冬、男も女もすさまじく京都である。

あるOL系女性誌が「暮らすように楽しむ 京都」という大特集をしていたり、錦市場の漬物屋の主人であるバッキー・イノウエが、『小説新潮』の「夏だから、京都」という小特集で書いていたり、相変わらず京都ネタは街ネタとしてはダントツに強い。

大判のその女性誌をパラパラめくると、半分以上のボリュームである一〇〇ページあまりがその京都特集で、「素顔の京都、西入ル東入ル」というタイトルの巻頭ページには、元国民的美少女のセレブが、大徳寺の庭の前でポーズを取り、町家の前では浴衣姿に番傘をさしている。

今、京都の街をいろんな雑誌に書いているエッセイストの「通いつめ京都日記」というページを見ると、「京都という場所は、他府県人にとっては和製のテーマパークである、というのがわたしの持論です」とのことで、「これはわたしにとって和風コスプレとでも言うべき行為です」と縦縞の絽の着物を着て登場し、釜飯の「月村」に行ったり、豆腐屋の「とようけ屋山本」で買った袋入りの糸こんにゃくが写真で紹介されていた（糸こんなんか旅行で買うて帰ってどうするのだ）。

地元京都人の日常（それは消費生活に限られているが）が、どんどん情報化され、京都に住んでいる人の家で使っているお茶や醤油や七味までもが、あれこれご近所自慢みたいな語り口から、ブランド記号化される。

京都の街をテーマパークだとかで、リアルな日常をそういうふうに捉えられるのは、多分どこに行っても、メインストリートではルイ・ヴィトンやグッチやフェラガモで、そうでなければマクドナルドやシアトル系コーヒーやイオンのショッピングセンターやローソンになってきている窮屈さを感じているからだろう。

だが、京都の街が「本当に面白い」と思えるところは、ものや人を一つの物差しで見ることができないところだ。

祇園を歩いてみても、クラブやラウンジが入っているきらびやかな石貼りのビルより、その隣にある二階建ての旧い喫茶店やたばこ屋の方が偉く見えるし、河原町通や烏丸通でもビカビカの高層ハイテクビルよりも古い町家の漬物屋や和菓子屋の方がメジャーで威張っているかのように思える。

また、自転車に乗る学生や草履履きで買い物かごを提げたおばあさんの方が、ベンツに乗る金持ちやイタリアンクラシコのスーツをバシッと着こなした中年男性より格好良く見える。

だからこそ、京都にいると、六本木や表参道など「ヒルズ」的な場所で感じる、なんだか「取り残された」ような疎外感は少ない。

京都という街での人の関係性からもそう感じる。

京都人名物のいわゆる「いけず」は、お金の多寡やプレステージのあるなし、強い弱いやルックスがいい悪いとかで人を判断しないという意思表示にもとれるし、「一見お断り」は、金さえ積めば何でも消費できるといった、だらしない欲望に対しての足枷として機能しているかのようだ。

同じガソリンでも、一リットル一〇円高いガソリンスタンドを「昔から、知り合いだから」ということで利用する。

建仁寺そばの夜に一回転しかしない料亭も、午前八時にすでに満員状態のたかばしのラーメン屋も、まぎれもない同じ京都の飲食店である。

それらは、徹底的に都会的であるのか、あるいは巨大な町内会のような地方性の固まりみたいな街であるのか——多分どっちもだ、というところがこの街の面白いところなのだろう。

そういうふうに、店や商売や人やさまざまな事象を計量化、データ化できないところが京都という街で、だからこそ京都についてはお寺や旅館や店や京野菜はじめいろんな取材対象や書き方があるのだが、このところの京都ネタは、地元の人が地元の日常のあれやこれやを紹介することと、京都通の文化系著名人が「京都で経験した京都の日常」に一元化されているようだ。

そしてそれは、一枚二五〇円の唐紙ポストカードだったり一本九〇円のきな粉団子だったりする。「祇園を遊びつくす」でも「至上の京料理を味わう」でもないところが、このところの「和製テーマパークとしての京都」の肝のところであろう。

それはそれで、いつも京都に対してびくびくしているようなヨソ者にとっては、お店の敷居だの紹介者だのややこしいことがないに等しいから、非常に有り難いことであるが、何か釈然としない。ほんとに京都はそれでいいのか、と思ったりもする。

町内会的な内輪だけが知っている店やものというのは、新興住宅地にはない各町の地蔵盆みたいなもので、カタログ化されたそれをスタンプラリーみたいにまわってどうするのだと思う。

そのエッセイストは、この和製テーマパークについて、「京都の人と接していると、『ここは、本物の人間が生きてその気質を脈々と伝えてきた、本物のマチなのだ』と、プレイ気分から目覚める時がある。」と書いているが、テーマパークとしての町家改造店に観光気分で行って「楽しい店の情報カタログ」の誌面をつくることと、豆腐や糸こんにゃくや伝統野菜を情報化することは、根本のところで違うのではないか。

そういう話をしていて、当のバッキー・イノウエに「キミも書いているやろ、どう思う」と訊いたところ、「おたくら、よう京都のこと、知ってるなあ」とおっとりした京都口調で言って、そんなもん、どうでもええやんけ的に、がははと笑った。

けれども「やっぱりなあ、古漬みたいな酸っぱい漬けもんは、雑誌の写真みたいにあんなに厚う切ったら、おいしないやろ。そういうところが全部、浅はかなんや」というところは、ちょっと真剣である。

日常生活とは、古漬を薄く切ったりすることを当たり前のこととして実際に暮らすことであり、それは「より街を楽しむための情報」といった水準では捉えることはできない。

京都に関しては、いつも一京都ファンとしての一観光客、一エトランゼであるというスタンスをどう掘り下げていくかが、街を楽しむためのぎりぎりの線であり、それ以上は楽しむとか遊ぶとかのジャンルではない。

メニューに書いてない「時間」

飲食店の話である。

こちら、つまり上方ではこのところ主流となっているのは、イタリア料理でもフランス料理でも、オープンキッチンのカウンターであり割烹スタイルである。

カウンターを挟んで客と調理人が対峙する割烹スタイルの店はダイナミックだ。シェフつまり板前は、客の目の前で抜群の食材を見せ、焼くのか煮るのかどうするのかを訊き（一方的に説明する場合も多いが）、冴えた包丁さばきを披露し、客好みの調理をする。

客は板前の一連の動きを「時間」として見ている。時間軸で板前の動きを見ているから、途中で口をはさんだりもする。そして「どうだ」とばかりに出された料理に、やっぱりごくりと唾をのむ。こういう店での「その時間」は、つい先ほどまで食べていた料理や酒の記憶や残像と、次の皿への期待の連続性であり、感覚的には音楽を聴く楽しみと似ている。記憶や残像は過去であり、期待は未来である。

そういうのが「うまいものを食べること」の基本だと思っていたら、伊藤洋一さんが『カウンターから日本が見える——板前文化論の冒険』（新潮新書）という本で、ナイスなことを書かれていた。

割烹スタイル＝カウンターの店、つまり料理する人が目の前にいるというのは、世界にも例がなく、それは大正一三年創業の大阪・新町郭の［新町浜作］がルーツであるということだ。そして近年になってロブションがその上方発祥のカウンター形式を新しい店にとり入れたとのことである。そういえば、新しく大阪に出来たアラン・デュカスのビストロにもカウンターがある。

割烹が出来てたかだか八〇年か。意外である。けれども割烹においての「店の時間」というのは、このようにフレンチの巨匠にも「カウンタースタイルの店」として伝えられ、連続しているものだとわかる。

割烹をはじめとするカウンタースタイルの店は、一見ではなく行きつけの店の方が絶対うまい。なぜなら「長い時間」をかけてしっかりその店とつきあっていることが、「その時間」の値打ちを左右するからだ。店側がその客の好みを熟知し、その日のシチュエーションなどのいろんな要素を察知し、客は逆にその店の十八番の料理や得意技を知っていて、その時々に自分の食べたいものを伝える。まるで自分のワガママを聞いてくれて、自分だけに依怙贔屓をしてくれたようにカスタマイズされた料理やサービスが享受できる。そういう関係性こそが絶対の「うまい店」であり、それは鮨屋でもお好み焼き屋でも串カツ屋でもベースとしては同じである。

だからカウンターを挟んで、つくり手とコミュニケーションしながら共有する時間というのは、かけがえのないものである。

「今度、一緒にお食事でも」と誘うことが、常にその後のことを勘定に入れていて、食べることよりもそれ以外のことに時間を割くのに適した店を選ぶのに対し、「うまいものを食べに」と思って行くところはそれ自体の時間をそこに求めているから、完全に分けられている。それは俗に言われるTPOと一見よく似ているが、ちょっと違う。接待とかデートとか宴会とか、そういうものに「おいしい食事」がくっついているのではなくて、街に出て「おいしいものを食べること」そのものが目的で、そこにメインの軸足を置いているかどうかであるからだ。

『東京いい店やれる店』という本が二〇万部売れたことがあったが、こちら上方のメンタリティでは、書く方つまり著者や出版社に対してだけでなく、それを商品として買う方に対しても、「アホとちゃうか」あるいは「洒落にもならん」という気がするのは、「食べること」に関しての感覚がねじれている、と思うからだ。もちろんこの情報誌のような出版物の根っこのところに、時代感覚のギャグとしての部分があるにせよ、店を「やれる店」というゆがんだ消費のスタンス的な形でカテゴライズし、データ化してしまうところが「ヘタレ」だと感じるのである。

『ミーツ』のバッキー・イノウエの連載でもあったように、近所のうどん屋で、茶色のデコラ金帯巻きのテーブルから、とてもカウンター的な仕方で、「キツネを黄ソバで」とか「肉カレーを黄ソバ固いめ」と注文したり（黄ソバとは中華ソバの麺のこと。岸和田ではカレー黄ソバならあります）、「目玉焼と玉子焼とごはんと中華スープ」（お好み焼き屋で瓶ビールと目玉焼きだけ注文する、という人はいました）という注文をしてしまうのは、イノウエの注文のその裏に何もないからだ。もちろん「そういうこと」をするためのマニュアルなんてないし、店にはそのためのメニューもない。だからそれはその店に何回行ったかとか、何年通っているとかとは違った意味で「時間がかかる」（金は関係ない）。

もちろん『東京いい店～』を読んでいるような人に感じるのとはまったく別の感覚で、「目玉焼と玉子焼とごはんと中華スープ」とイノウエに言われた店の人は、「アホとちゃうか」と思うかも知れないが、それはやはり「アホ」ではあるにせよ「ヘタレ」ではないから、次からはふりかけ付きでごはんが出てくるわけだ。

店と客とのそういう共犯関係みたいな関係性は、いつも時間を共有している。だから、その時に最高最大の効率を求める、という「無時間モデル」のスタンスでは、店は楽しくないし遊んでくれない。お客さんは神様である。しかしカウンター的世界では、伊藤さんも書いているように、主導権は客ではなく店にある。おれは上客とばかりに威張りちらしたり、しょうもない講釈を垂れたりする客に対しては、注文に対して「出来ません」と言ったり、良いネタを出さなかったり、いろんなやり方でいくらでも報復することができる。

店から金と引き替えに何かを出させ、それをゲットするというラッキー志向の考え方はもはや通用しない。

客はいろんな店を食べ歩いている。しかし店は、いろんな客をそれ以上にカウンターの内側から見てきている。

なぜ若い奴らは飲まなくなったか

別に人よりたくさん酒を飲むことがエラいことだとは思わないけれど、このところ二〇代の若い奴らが飲まなくなったのが気にかかる。週にほぼ二回は通っている家の近所のお好み焼き屋でも、大将が「このごろの若いもんは、日本酒はおろかビールもほんまに飲まへんようになったなあ。何でやろ」と首をかしげている。その店は「神戸牛ヘレステーキ」とか「ゲソ醤油」とかの鉄板ものに加え、「トリ貝の造り」「豚のしゃぶしゃぶ」といったお好み焼き屋のメニューにない、ほとんどおいしく酒を飲むための料理目当てで来る客が多いが、そういえば二〇代と思しき客は豚玉とかモダン焼きとかを水を飲みながら食べていることが多い。

先日は神戸の下町の焼肉屋に行くことがあった。焼肉屋に行くと必ずビールを飲む。いや生レバーとかタン刺しには断然焼酎や。というように、「塩タンうまい→ビール（もちろん日本酒でも焼酎でも可）うまい→テッチャンうまい→ビールまたうまい→カルビうまい→ビールまたまたうまい」の繰り返しで、その間にキムチと白飯をはさんだりするのが普通である。しかし、おっさんの二人連れや在日コリアンの家族連れが主要客の正しき神戸の街場の焼肉屋でその日見かけたのは、仕事帰りのアパレル業界風三人連れの二〇代（たぶん）女子だった。

わたしは街での長い経験上、アパレル業界、特に肉体労働の割合が多い接客商売のショップスタッフたちが焼肉体質であることを知っている。まだクソ暑い九月末なのに早くも秋冬物を着たその日の三人連れも、「おお、このコらええ店知ってるなあ」と観客のわたしを唸らせた上で、さらに「塩タンと上ハラミ一つずつとテッチャン二つ」「生レバーもいっとく?」「いこいこ」で、こいつら若い娘やのにしっぶい注文やなあ、とさらに唸らせたのであるが、「わたしウーロン茶でええわ」で、三人とも飲まない。生レバーに茶はおいしないやろ、テッチャンも茶ではあいそないやろ、とわたしは強く思うのだが、彼女たちは平然とわいわいやりながら肉を食べているのだった。

また、ある土曜日。元町駅山側にある深夜の博多ラーメン屋は夜遊び青年団で賑わっていた。わたしはこの店の柚子コショウをつける餃子が好きで、一人の時はいっつも餃子と豚骨ラーメン麺硬めとビールを注文して、タダの高菜の漬物と餃子でまず一本。調子が良かったらラーメンで二本目ということになる。グループで行くときはとりあえずビールであり、ラーメンを注文しないヤツはたまにいるが、席に着くやいなや「とりあえずビール二本ね」が常である。そのビールはおいしいときもあるし、まずいときもある。

その夜は大きなテーブル席もカウンターもほぼ満員だった。しかしながら見事にビール瓶が見えない。ニットキャップとピアス&タトゥー少年の「たむろってる」五人グループも、深夜に博多ラーメンのカップルも、ラーメンや餃子に明太子ご飯とテーブルを散らかせているが飲んではいない。

一〇年ほど前まではほとんど逆で、若い衆は街場の居酒屋では一気飲みをやってたり、バーで洋酒を飲み過ぎて吐いてたり、それこそ「なんちゅう飲み方をしてんねん」ということが多々あった。こういうのは街の酒飲みの若い頃には当たり前のことで、その酒の上での「からむ、喧嘩する、泣く、吐く、寝る、倒れる……」はみんなが経験してきたものだ。

「ワインを飲むといっつも寝てしまう」というお好み焼き屋の大将は、そんな話をしながら「この頃の若い子は、かしこなったからなあ」と言っている。「かしこなった」というのは多分にネガティブで、「酒に余計な金を使わない」ことや「飲んで酔っぱらってるのを人に見せたくない」ということであろうという話に落ち着く。

わたしはいつも書いているとおり、「酒が人生を教えてくれる」とか「酒場にこそ世界がある」とかを考えることは、あまり頭の良い発想だとは思わない。またそれこそ酒がらみや酒場での失言、失敗、失態……は数知れず、金銭や免許証や友人や信用も健康も愛も思考とかも失って、明くる日にボー然となるなんてしょっちゅうである。今まで積んできた社会的なことをぶちこわしてしまうことだってあった。

代わりに覚えたことと言えば、奢ったり奢られたりすることや酒の注ぎ方や挨拶の仕方のようなものであって、そして例えば「同じキリンラガーでも飲む場所によってこうも味が違うのか」ということも同時に覚える。しつこいようだがこれは酒の種類や銘柄、料理との合わせ方とかのＴＰＯを覚えるみたいなこととは違う。そういうふうに見てみると、酒を飲んで得することは何もないし、確かにろくなことがない。けれども「酒はうまいけれどまずいこともある」という事実を知ることによって、人は「かしこくなる」ことだってある。

仕事帰りにコンビニに寄って、季節限定の缶ビールやいろんな種類のチューハイやトロピカルドリンクがずらずらと並んでいるのを前にして「何にしようか」とずいぶんの間、悩むことがある。挙げ句の果ては「しかしながらオレは一体、何を飲みたかったのだろう」という根本的な懐疑さえ浮かんできて、酒を飲むという「ほんの小さな欲望」みたいなものすら満たされないことを知ってがっかりしたり釈然としなかったりすることが多い。

お腹が空いたから通りがかりの吉牛やマクドへ、喉が渇いたから近くのローソンでペットボトルを、というコンビニ的なことばかりやっていると、服だってギャップやユニクロでいいし、いつもインターネットで世界とつながっているし、何か問題でも？　という気分になってくる。こういういつでもどこでも思いのままに「消費」できてしまうということと、「酒を飲む」ということが完全に別の次元の行為であるという事実を知らされることが、コンビニで買って帰って一人で飲む缶ビールや缶チューハイの味気なさなのだろう。そういう時の「お酒というものはおいしいものではない」という「わかり方」は、あんまり「かしこくない」と思うのだ。「わかり方」へのアクセスの仕方やクリックするボタンが違うからだ。

酒を飲むという行為は、その行為にふさわしい「場所」が用意されているから可能なのであって、立ち呑みにしろ北新地のクラブにしろそれが「酒場」という「店」である。だからその店が開いてないと、本来酒は飲めなかった。それは自分が街や店や人とつながっていることでもあって、二四時間開いているスーパーやコンビニで、チューインガムや歯磨き粉を選ぶこととは別物である。

団塊世代の代表、くいだおれ太郎

四月八日、「くいだおれ」が七月に閉店するというファクスが届いて「あー、そうなんや」と思っていたら、明朝に関西テレビの「ニュース・アンカー」からコメントを求められた。その日は電話でいろいろと五分くらい答えたのだが、どのテレビも、どの新聞もびしばしに報道している。

たまたまその半月ほど後に、フランスのテレビ局FRANCE5から、大阪のストリート・フードを撮りたいのでナビゲーターで出てくれないか、という話があった。それは日本語訳すると「フォークとリュックサック」というタイトルの番組で、ジュリー・アンドリューさんという女性キャスターが世界を旅行しながらその土地の食べ物を紹介するものだそうだ。向こうの希望はミナミ道頓堀あたりのたこ焼き、お好み焼き等々なので、むっちゃ美人の彼女とクルーをそこに案内する。

案の定、「くいだおれ」の前は客でごった返していて、各々がくいだおれ人形にケータイのカメラを向けている。当然、ジュリーさんは「これはなんですか?」と訊き、わたしは食の都・大阪のシンボルであるあのピエロみたいな人形が看板のレストランが六〇年の歴史を閉じる、ということなどを説明し、この日の資料のために持っていた「ミーツ」増刊号の『大阪本』を見せる。

しかしながら、フランスから来たジュリーさんが発する「そんな有名なシンボルなのにどうして閉店するのか」という問いに答えることは難しい。

「くいだおれ」については『ミーツ』が創刊して二〜三年の頃、書いている。特集は「街の噂を確かめろ。」である。この号では京都の割烹〔たん熊〕や浪花料理の〔㐂川〕、バーの〔サンボア〕のそれぞれの歴史や系譜なども取材している。

長い見出しは「きみはくいだおれに入って食べたことがあるか？　大阪のシンボルは、灯台もと暗しなのだ。」である。


「あの派手なお笑い人形、くいだおれって、大阪らしいね。アッハハ」

「そうやろか」

「ところで何屋さんなの？」

「食いもん屋ちゃうか」

東京の友人と小生、何だか間抜けなボケた会話である。しかし〝大阪名物〟とわかっていても、人形のマスコット的な存在感がそれなのか、料理店としての内容が……。生粋の大阪人でも、はっきり知らないというのがほとんどやないか、と思う。

ほな早速、ビルの中を食べ歩きしまひょか。

ということで、「くいだおれ」のレポートが始まるのだが、「街の噂を確かめろ。」という特集タイトル通り、読者も編集部もくいだおれ人形（その号では「ドウトン」と言っていた）以上に飲食店としての実際の姿をよく知る人は少なかった。

わたしが最後に「くいだおれ」に行ったのは、確か三年前のことで、府立岸和田高校の同窓会である。すき焼きであり宴会である。ここのすき焼きはなかなかうまくて、「上」とか「特撰」とかのクラスがあったと思うのだが、エエ肉で味付けが大阪のど真ん中的だ。今風の掘りこたつ間接照明でジャズが流れ、それでいて何を喰うたかわかれへん「ネオ居酒屋」なんかよりも断然値打ちがあり街的である。四〇代半ばの幹事さんおよびメンバーは、それくらいのことはわきまえている。

しかしこの店はもともと「寿司盛り合わせとエビフライにあんみつ、それからお子様ランチも」という注文が当たり前の店で、休日の昼に難波に出て買い物して映画を見て、帰りに「よし、きょうはお父ちゃんがごちそうしたる。何でも好きなもん食べたらエエ」と子どもにええかっこする店でもあった。観光客はみんなで大阪見物をした後に「くいだおれ」に入って「さすがに大阪、うどんもオムライスも串カツもお好み焼きも何でも食べられる」。さらに前の昭和の中頃には、いち早く冷暖房完備でテレビもある、そういう「サービスがある」ところだった。その頃「三種の神器」はテレビ、冷蔵庫、洗濯機から、「3C」＝カー、クーラー、カラーテレビに移行しようとしていた。

高度経済成長が終わり、郊外の核家族はクルマに乗ってロードサイドのシネコンやファミレスに行くようになった。おやじはもはや一人っ子の息子に威厳を示すよりも「ちょいワル」を目ざし、よその若い女にしか興味を示さない。テレビもクーラーもパソコンだってあらかじめ「自分の部屋」にある。

またミナミの街中は「粉もん」「ラーメン」「餃子」といった「○×選手権」「○×キング」的なランキング・アイテム、テーマパーク・アイテムにアクセスする直線的な消費行動の若い層であふれるようになった。そして何よりも、くいだおれ人形は大阪の観光スポットそのものになり、大阪観光をした際に「くいだおれ」に入って食べるではなく、くいだおれ人形を見て記念撮影しついでに、ワンショップ・ワンブランドのたこ焼き「大たこ」やラーメン「神座」で食べる。

消費単位としての家族とその共―欲望、共―身体の崩壊。そして食に関しての記号的消費。

ざっと考えるとそういうことだろうが、こうやって「くいだおれ」について書いていて、あの人形はちょうど六〇歳、高度経済成長とともに時代を過ごした団塊世代ではないか、と思ったりもする。

学校を卒業したら会社に入ってケッコンして子どもをつくって家族が仲良く暮らす。大きな家やクルマやたくさんの電化製品だってそのためにある。そういったちょっと前の北摂・阪神間の郊外的感性と、マイホームパパからドロップアウトして一人パチンコに行ったり、カネがある時は鮨屋でそうでない時は串カツ屋に入る千日前・ミナミ的感性。

「今」という時代そのものの、このどちらともいえない、どちらにも帰属しない「一人ぼっち」の「みんな」の象徴がくいだおれ人形なのかもしれない。だからこそ「家族」や「仲間」で行く店としての「くいだおれ」は廃るものの、「一人ぼっち」の「くいだおれ太郎」のキャラクターは「みんな」に好まれる。

わたしは大阪南部の出身ゆえ阪神タイガースのファンでもないし、サッカーのWカップのイベント的騒ぎには興味の薄い「祭礼人」であるが、編集長時代にくいだおれ人形には、『ミーツ』の表紙で少なくとも二回は登場してもらっている。それは単なるメディア下の画一的な「大阪ベタ・コテコテ」のアイコンではなくて、難波も心斎橋も千日前もアメ村も南船場も……性格も手触りも違う街が積み重なって構成されるミナミという、たぐいまれな街のシンボルであるという意図からである。

「支店を出すな。家族で経営せよ。看板人形を大事にせよ」というのがこの「くいだおれ」創業者の遺言であり、「道頓堀という街は、店に入るお客様だけでなく、道行く人々にも楽しんでもらわなあかん」がこの店のモットーであるが、その気骨とセンスは「コテコテ」とか「ベタ」とか言ってる限りはわからない。

第2章

大阪からワシも考える

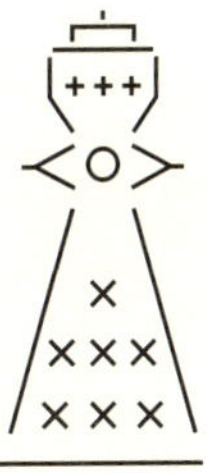

「知らない人なのに知っている人」のいる街

「現実でも一人。ネットでも一人」という秋葉原通り魔殺人事件の犯人の書き込みは悲痛だ。どこにも自分の「居場所」というものがない。

自分の居場所というのは、誰にも干渉されない自分だけの部屋に閉じこもることではない。また知り合いばかりが居る空間がそうであるともいえない。知ってる人ばかりのなあなあ集団は確かに楽かもしれないが、その内部では誰もが親密とは限らないのは言わずもがなだ。

この事件の現場である秋葉原というところは、今の東京ならではの街である。パソコン関連の専門店、フィギュアやアニメやメイドカフェ、歩いている若者はイヤホンをしているか下を向いているかで、他や外に対しての意識や身体感度を極力落としている。さもなければ同じネタだけでつながっているおたく的な友だち同士である。今の東京ならでは、と書いたが、こういう場所は他所にはないし、大阪では同様の街として「日本橋筋」があげられるが、そこはまだまだ「電化製品の街」という手触りが強い。同じ殺人事件がこの日本橋筋で起こっているが、それは地元の暴力団の大日本正義団会長・吉田芳弘が電器店で買い物後に山口組系の組員に射殺されたものだ。所謂「大阪戦争」の暴力団抗争事件の一つとして記憶にとどめている。

秋葉原というところは、顔がない「一人ぼっちのみんな」でいっぱいの街だ。その「一人ぼっちのみんな」は原宿の「オレたち」や新宿歌舞伎町の「あの人たち」的ではない、のっぺりとした「みんな」を形成している。その「みんな」はもちろん「知らない人」ばかりの集団だ。

街で「知らない人なのに知っている人」に出会うこと。そういう機会がまだまだ多いのが大阪という街の特徴であり、そういうところをわたしたちは多分に感覚的な言い方で「街場」などと呼んだりしている。秋葉原はそういう「街場」な感じがしない。加えてものすごく多くの人が行き交うこの街には「一人ぼっち」の「みんな」が何かにシンクロしているような気配がして、その何かが不気味である。

「知らない人なのに知っている人」というのは、その人の名前やその人の属性、どこで何をやっている人なのかは「知らない」けれど「知っている人」のことである。逆にどこで何をしているのかを「知っている人」なのに「知らない人」というパターンもある。これは「顔見知り」の関係性みたいなもので、なかなか微妙である。といっても当然、見知らぬ街や初めて入った店では見知らぬ人ばかりだから、「顔見知り」というのは自分にとっての地元感覚のある街やよく行く店での関係性である。

しかしながら旅行や用事でよその街に行って、お腹がすいた、と店の外観をさんざん観察した末に飲食店に入ったり、あれこれ嗅ぎ回りながら酒場の扉を開けてカウンターに座ったとき、その「場所」を占めている人々がそういった顔見知り関係である気配を感じた際に、完全にエトランゼであるはずの「わたし」がそこに自分の「居場所」を見つけたりすることが多い。それはその瞬間に「ここ」という場所がその人たちの何ものでもない居場所であるということがわかるからだ。そのとき、わたしはすでに「知らない人なのに知っている人」に出会っている。だから本当はその人が「知らないとこの知らない人」なのに会釈をしたりする。その人たちには「わたし」は悪意や敵意を持つことはないし、その人たちもわたしを少しばかり受け入れてくれる。場合によってはコミュニケーションも始まる。

見知らぬ国の見知らぬ街を歩き回り、見知らぬ人に囲まれて、ふと自分の居場所を見つけたりすることは、何ものでもない旅行のかけがえのなさや楽しさでもある。旅というのはそういった知らない場所で自分の居場所を見つけるプロセスそのものだし、まるで「今—ここ」を旅することに、自分のパーソナルヒストリーがすべて関わっているような気がする。

わたしは長いこと、マスターがサイホンでコーヒーを入れてくれる喫茶店やメニューにうどんと丼や寿司がある食堂やおばちゃんが注文を聞いて焼いてくれるお好み焼き屋といった街で育った関係か、ずらりと横並びで食べるファストフードの牛丼屋や「スモール、トール、グランデとありますが」とレジで聞かれて注文し、違うカウンターで受け取り、座る席をさがすタイプのカフェはつらい。そこに「居場所」というものを感じたりすることはほとんどないからだ。

「知らない人なのに知っている人」が少なからず居るということは、そういう〈郊外化〉された場所では顕在化しない。コンビニやファミレスでは「あそこはオレの行きつけの店だから、今度マスターに紹介してやるよ」といった「顔見知り」関係が出来ないようになっている。人と人とが出会わなくても経済が回るシステムであり、そこでは店のスタッフも客も代替可能である。そういうところに「居場所」を見つけることは難しい。

「社会」というものはまさにその「場所」においてのコミュニケーションのありようであり「社会はコミュニケーションからなり、あらゆるコミュニケーションは社会において生じる。従って社会は複数の人間の集合体として成立するのではない。人間は社会システムの構成要素でなく、その環境である」（馬場靖雄『ルーマンの社会理論』四九頁、勁草書房）ということである。

〈郊外化〉とは交換の原理に貫かれた均一大量のフラットな場所ばかりになることで、それはひたすら余計なコミュニケーションを省略して（スマイル０円）、経済を回していこうという「社会」であるから、そこには社会システムの「環境」であるところの「人間」というものは前に出てこない。〈システム〉だけがあり〈生活世界〉がない場所、そこには「居場所」どころか「社会」がないのかもしれない。

その〈郊外化〉という言い方は、都心／郊外のバイナリーコードをイメージしがちでなかなか微妙なものがあるが、宮台真司が踏み込んで次のように書いている。

「郊外化は二つのステップを経て進んだ。第一段階の郊外化は、主要には１９６０年代の——正確には50年代半ばから70年代末にかけての――プロセスで、『団地化』と呼べる。第二段階の郊外化は、主要には1980年代の――正確には80年代初頭から現在まで続く――プロセスで、『コンビニ＆ファミレス化』と呼べる」（MIYADAI.com Blog 2008-06-19）

団地にしろファミレスにしろ〈郊外化〉された場所においての「知らない人なのに知っている人」の存在は、むしろ気持ちが悪い存在である。だからそこで会う人とはずっと「知らないまま」である。

この「知らない人なのに知っている人」へのコミュニケーションを橋本治は『いま私たちが考えるべきこと』（新潮社）で「考えて」いる。

橋本さんは作家として駆け出しの頃、商店街の菓子屋をやっていた実家に住んでいたのだが、ある日編集者が家に迎えに来て、そこから駅に行くまでに三〇人を超える人に「こんにちはー」と挨拶をした。それを見た編集者は「なんでそんなに知ってるんですか？」と驚いたそうだ。

橋本さんの家は「気取ってる」と言われがちな東京の「山の手」で、別に「人情の厚い下町ではない」。その「こんにちはー」の相手は、「（よくは知らないが）よく会う、つまり知ってる人だけの人」で、そういう人は「敵意を持つ必要のない人」になり、そのことによって住環境はおだやかになるから、悪いことじゃない。「人と人の間にあるのりしろ」みたいなものだ、と鋭く書いている。その関係性は「地域社会が健全で健在だったから」で、それが「ムラ社会」か「マチ社会」かのどちらであるかは「マチ社会だってムラ社会みたいなもんだから、マチ社会とムラ社会のちがいなんかよく分からない」とも思っている。

とても「街的」な言及である。「知らない人なのに知っている人」が多いことは「街場」つまり「街的な場所」そのものだからだ。「知っている人」ばかりで構成されている社会は旧い「ムラ社会」で、「知らない人」ばかりの匿名的社会は「都会（都市社会）」であるという二項対立的な見方は、完全に「ムラ社会」側からのもので、そういう観点からしか世の中を見られない人をわたしは「いなかもの」だと思っているが、この半世紀の「都会化」の行き着く果てがこの〈郊外化〉すなわち「団地化」と「コンビニ&ファミレス化」なのだとしたら、「街場」は絶滅していくばかりである。そしてそこでは「居場所」というものがどんどん見つけられなくなる。

この秋葉原の事件についてもさまざまな人がインターネット社会に関連づけていろんなことを述べ書いているが、そうではなくてわたしはこういったリアル社会の過酷さこそが犯人を秋葉原での凶行に追い込んだのだと思う。

居場所がないというのはいつも「一人ぼっち」であるということであり、人はそういうときに街に出て裏路地横丁に入り込み、束の間の居場所を見つけようとした。しかし郊外化された街は、ずらずらと並んでカゴに投げ込んだものを精算する大型スーパーや、列をなす同じ機械の前に人が同じようにかぶりつくパチンコのように、「一人ぼっちのみんな」がただ集団で居るところである。秋葉原はそういう現代の場末なのかも知れない。

〈街場〉の大阪人は知っている

「ウチ大阪、好っきやねん」「コテコテの何が悪いのん」「ベタでええやん」。大阪についてこの手の物言いをそれこそコテコテの大阪弁で喋る人間はとても苦手である。

わたしは岸和田の下町で生まれ、だんじり祭で育った人間だが、そういう物言いをする「大人」は回りには居なかった。ちなみに岸和田での大人は、男なら「おっさん」あるいは「おっちゃん」、女なら「おばはん」「おばちゃん」で、それ以外はいない。

彼らは実生活において「コテコテ」あるいは「ベタ」に生きることを決して目的化していない。結果として彼らの実生活というものが他者から見てそうなるにせよ、誰だって前後に子どもをのせた自転車の三人乗りはしたくないし、ホルモン屋やお好み焼き屋の煙もうもうの二階の部屋には住みたくない。

この「大阪コテコテ&ベタ万歳」的な物言いをする人種は、やたら「〜でんねん」「まんねん」を多発するテレビのバラエティ中心の上方芸人(タレントか)みたいな人種ばかりで、要するに「舞台」や「高座」といった「街場」に出ないで、大阪のコトを語るから、それがかなわんのだった。

わたしは長い間、『ミーツ』という非常に地元「らしい」京阪神の街の雑誌を編集していたので、他所の人に「大阪」のことを聞かれることが多い。その他所の人というのは仕事柄、メディアの人が多いので余計に答えが難しい。

しかしこのかた、通天閣やちんどん屋の西成〜千日前テイスト、吉本興業に阪神タイガース、エゲつない電照看板、一家に一台たこ焼き器……、などは確かに大阪だが、要するにB級でいちびりでレトロで「過剰なアホ」を大阪とするとらえ方、そのステロタイプまる出しの感覚に、ちゃうんちゃうの、と思い続けている。

同様にとんでもない男に尽くして、それを支え、その実それに依存する「ナニワのおんな」の夫婦善哉、坂田三吉、桂春団治の妻的な物語は、いまなお「大阪で生まれた女やさかい」と「中島らもの嫁」を再生産している。

それはメディア的な、つまりコマーシャリズムによって創られた「大阪」であるといえばそれまでであり、かといって、いやちがう「大阪はやっぱり、人情のまち。エエ街や」などといった、ふにゃけた物言いが「大阪コテコテ&ベタ万歳」に直結しているところに大阪の過酷さがある。

そういう物語を「ペラペラのつくりごとのもんや」として、あえて楽しむ大阪人もいるにはいるが、曾根崎のスナックから聞こえる「なにわ恋しぐれ」は出張転勤族の声であり、有田芳生が『歌屋 都はるみ』(文春文庫)で書く、父が京都の在日である都はるみの歌手＝芸能人としてのリアリティはそこにはないことを〈生活者〉としての街場の大阪人は知っている。

さてそもそも大阪といっても、そこには摂津、河内と和泉の三国の大阪があり、例えばわたしが中河内の八尾の友だちに盆踊りに連れて行ってもらって河内音頭でよう踊れないのと同様に、そこにはその土地ごとの深いテロワール性がある。大阪市の平野のだんじりと岸和田のだんじりは大きく違うし、池田や箕面といった北摂の人間にとっては、それこそ大和川を越える泉州はほとんど蛮地、未知の世界である。

けれども田舎のロードサイドにジャスコやファミレスやファストフードが幅を利かすような郊外的な土地と、豆腐屋の隣に喫茶店がありそのまた隣にクリーニング屋があったりする商店街的な〈街場〉の違いは、同じ大阪人のDNAとしてわかる。とくに千里丘陵で行われた大阪万博EXPO'70を知る世代以上なら確実にわかる。それが「大阪」という「違う街が重層的に重なっている」土地の記憶というものである。

郊外的な〈田舎＝都市〉は、徹底的に経済合理（至上）主義、つまりグローバルスタンダードなのだろうそのやり方が徹底しているから、均一的なところとデオドラントな感じが共通していて、それとわかりやすい。

北田暁大と東浩紀が『東京から考える』（NHKブックス）で六本木ヒルズに見る東京都心の〈郊外化〉を「六本木ヒルズはまさにジャスコ的なわけですね」（一三一頁）と鋭く指摘していたが、われわれ大阪人からすると、あそこは感覚的に、即座に「街場ではない」ということを直観できる。

例えばその〈郊外〉的なニュアンスとしては、「若いIT長者たちがとりあえずブランド物だとだけわかるTシャツにケミカルウォッシュのジーンズ、サンダル姿で、六本木ヒルズをうろうろしていて、コンビニに入ったり、ドン・キホーテで買い物する感覚」がかならずあることで、それはつまり、そこを訪れる人すべてが交換経済の〈消費者〉として受容され、それはホリエモンであろうが、それを見て帰って地元で「ホリエモンがいた」と吹聴する「おのぼりさん」であろうが、すべてを〈消費社会〉としてがぶりと飲み込む「のっぺりさ」のようなものである。

冒頭の「大阪コテコテ&ベタ万歳的」な物言いは、一見大阪の街場の匂いをさせているが、実は同様に郊外的つまり徹底的な〈消費者〉としてのスタンスである。

その郊外的な「のっぺりさ」は、まさに大阪においての〈郊外化〉なのであるが、これは「一家に一台たこ焼き器」がある家庭は、千里ニュータウンや泉北ニュータウンといった郊外に多く、逆に「コテコテ」の西成や生野、岸和田、尼崎といった下町には少ないことからもわかる。なぜなら、そういう大阪の街場では、たこ焼きみたいなものは、近くの商店街や市場に行けばいつでも食べられるからだ。

そういう意味で「大阪コテコテ&ベタ万歳」言説は、大阪的な郊外の家においての「テーマパークとしての街場ごっこ」に近い。が、「今日は、お父さんが板前。家で手巻き寿司」は気色悪いし、入学式に「学校行事メイク」をしている「VERYなお母さんのたこ焼き」は食べたくない。なぜなら、おいしくないからだ。それは〈消費〉が、〈食〉という〈実生活〉に優先しているからであって、そういうリアルなおいしさ＝街的な感覚は、「供給するもの」と「消費するもの」間でなく具体的な〈生活者〉からの双方間でしか生まれない。

街は〈消費〉の場である。しかし、店の主人や女将、店員、料理人、給仕人、ホステス、出前持ち、皿洗い……といった「街場の人」の〈実生活〉の場でもある。

そこでは客は、身なりや言葉遣いが良くて、食べ方飲み方の行儀が良くっても、加えて酒や料理の蘊蓄をしっかり身につけていても、その街や店の「気配」が読めないと、お金を払う分と同等に交換された満足しか得られない。

店の気配というものは、ほかの何所《どこ》でもないその店で、ほかの何ものでもないその人が、時おり垣間見させる〈実生活〉や〈実人生〉といった代替不可能なものにこそあるが、その気配を読み取ることが、すなわちコミュニケーションである。今日のメニューや魚の種類や野菜の産地やワインの作り手について訊ねたりすることが、店とのコミュニケーションではない。

「礼儀正しい」というのは多分、そういう店の気配を読むこと、すなわち作法を感じることだと思うのだが、八〇年代以降の日本のシステムは、人と人が出会わなくても回るシステムをつくってきた。

毎日マクドナルドに行っても、一日に複数回ローソンに行くようなことがあっても、その店の馴染みということにはならない。そこは徹頭徹尾、〈交換〉の原理に基づいた経済〜消費社会だ。行儀や礼儀は同一のマニュアルに書いてあり、明日から交代可能なアルバイトたちが「店」をやっている。そして東京でも博多に行っても同じイントネーションの「いらっしゃいませ、こんにちは」は、もちろん大阪キタでもミナミでも、岸和田でも同じで、よく聞けば中国人（あるいは韓国人）の留学生だったりすることが多くなってきた。けれども制服の彼らからは、〈生活者〉という姿はうかがえない。

観光客やバラエティ系テレビ言説のど真ん中を行く「大阪コテコテ&ベタ万歳」は、本来は大阪という街の食やコミュニケーションといった〈実生活〉のありようをたとえた物言いだったが、逆にリアルな大阪人の実生活を巧妙に隠蔽しはじめた。だからこそ、そういった「大阪コテコテ&ベタ万歳」言説については、どこか居心地の悪さはあるものの「それは、もうええやん」である。なぜなら、牛の内臓を「放るもん（捨てるもの）やからホルモンでええやろ」と客に出してきた大阪人にも、それ以上の自分の〈実生活〉が他人に目の当たりにされ、さらにそれ以上を〈消費〉されることは過酷すぎるからだ。

「吉本たこ焼きタイガース」のまるでテレビCMのような多幸的で祝祭的なイメージの裏にひそむ言説化されない敗北感や無力感は、「希望と絶望のどちらとも無縁の感受性がそれ自体として高く評価される」（清田友則『絶望論』晶文社、二一〇頁）ポストモダン社会にあって、大阪という街が抑圧しその底に沈殿させてきた澱《おり》のようなものであろう。

情報バラエティ番組の空気感

在阪のテレビでは「情報バラエティ番組」というのだろうか、街で何が流行っているのかなどの情報やスポーツ新聞の芸能欄的ネタを中心に、お笑いタレントやアナウンサーがからみながら、わいわいとやってる番組が視聴率を集めている。

それは朝昼の時間帯に多く（正確に言うとこれしかやっていないのだが）、番組の中では散弾銃で人を殺した事件や厚生年金問題や知事選といった政治や外交のニュースなども、たわいもないグルメの情報などと同じ調子でやっていて、それを低俗感と言わないまでにしろ、ある種のどうしようもない手触り感を漂わせている。

その番組に漂う感覚というのは、関西人特有のコミュニケーションの技法である「ボケとツッコミ」がベースにあることであって、「7時のニュース」にも出てくるような報道ネタも、その時だけ真面目な顔になったお笑いタレントがコメンテーターよろしく話すのだが、かえって「漫才になっていない漫才」のようなそのぺらっとしたステロタイプさ、つまりあまりにものベタさに閉口するのである。

この手の「情報バラエティ番組」はスタジオの「空気感」そのものがすべてで、要するにその「場の空気」を誰かがつくり、お笑いタレントや時には文化人や大学の先生といったコメンテーターが、よってたかってその「場」とか「空気」とか「流れ」を読んでどんどん会話を転がしていくものである。そこでは「つかみ」とか「ノリ」、あるいは「笑いを取る」といったコミュニケーション技法が全面にあるだけで、彼らのメッセージの輪郭はなかなか見えてこない。ひょっとしてその話に中身なんてないのでは、というのは言い過ぎだろうが、「場の空気を読むことに、コミュニケーションのリソースを使い果たすようなコミュニケーション」(@平川克美)に長けた人間、これをタレントとか言うのだろうと、納得することにしている。

大阪人のコミュニケーションのおもろさは、確かにボケとツッコミにある。

中学校では例えば、Aから「消しゴム貸してくれ」と言われてBは「はいよ」とぶっといマジックを渡す。Aは「消しゴムて言うたやん」と返すのではなく、紙にマジックで「消えへんやん」とごしごしやる。すかさずBは「ほんまやのお」とAの頭を一発張る。

大人になっても相変わらず街場のスナックで「ライター貸してくれ」と言って出てきた灰皿で「ジュポッ」とか言ってやって回りを喜ばしているわけだが、そういうコミュニケーションがおもろいのは、その「場」にいるAB以外の成員が「お前ら、あほやのお」と笑いながら呆れたり「吉本、売るぞ」と言ったりするからで、その「場」に「外部」がある。「外部」は他者の笑いであり、あるいは「すべってるな」という目であったりする。それを「映らないものは存在しない」という「その場のみの内部」だけがすべての「テレビというシステム」でやってしまうのは、「違うねんなあ」と思ってしまう。つまらん冗談にも、「わははは」という観客の効果音を入れるのは、テレビの常套手段であり、そこには「場の空気」すなわち「内輪」しかない。

数年前にミーツ別冊『コミーツ』というのを編集したことがあった。それは「二三歳の子どもと大人の間の世代」を想定したもので、コピーは「子ども以上、オヤジ未満のコミーツ」だった。その別冊の中の小特集に「ケータイメールを覗き見する」というのがあったのだが、そのページの編集はとても苦労したと記憶している。

メールに書かれたサンプルを集めれば集めるだけ、虚しくなってくるのである。ケータイメールでは実際は何も伝えていなかったからだ。

そこには「コミュニケーションのためのコミュニケーション」があるだけで、有意なメッセージや言葉らしい言葉はなく、「いま―ここ」を常に「外部」につなげる指向だけが前景化していた。それは電車に一人で乗っていて「オヤジがキモい」とか、映画館のロードショウや大学の授業の合間に「今、終わった」とか、意味のない文字を相手に送りつけるだけの行為だった。

限定的な場である「いま―ここ」の現実的時空間は、相手に「接続」されるためのネタでしかなく、「つながってるかどうか」が目的の自己確認みたいなことへの素材でしかない。そういう「動物化」といえばその通りの貧しいコミュニケーションなのであった。

情報バラエティ番組のうっとうしさ、つまりお笑いタレント的報道番組の「動物化」は、その都度の接続のコミュニケーションばかりが過剰に観察されているところだ。またそこでは「空気」が読めるか否かばかりだけでなく、その「空気」をつくるボケとツッコミ的コミュニケーション（実にあほらしい）の「外部」にいる人間を「ハズし」あるいは「ツブし」として固定してしまう。「まいど」「おいど」というような繰り返しに「もうええわ」はない。だから「おぬし、出来る」「きさま、分かる」で延々行ってしまう。しかしそういうのは「芸」とは言わない。

メディアに流通する大阪弁の悲劇は、「接続のコミュニケーション」としての「ボケとツッコミ」の過剰露出だ。だから大阪弁がどんどんお笑いタレント的な画一なものになってくる。

大阪弁にもいろいろある。

同じ船場でも、薬問屋で話される言葉と丼池あたりの繊維商売のそれとは違うし、同じミナミでも木津市場の卸売市場のマグロ屋と心斎橋筋の瀬戸物屋の言葉は違う。また岸和田のだんじり泉州弁と「河内のおっさんの唄」（古いか？）と北摂の新興住宅地で話される大阪弁は大いに違う。

このところのお笑いタレントの大阪弁は、それらとも大いに違って、それこそテレビによって「仕込まれた」大阪弁である。

そして同じメディアでも今、島田紳助、ダウンタウンら以降のお笑いタレントがテレビのバラエティで話す言葉と、その昔、夢路いとし喜味こいしが「がっちり買いまショー」で「十万円、七万円、五万円、運命の分かれ道」と話していたあの早口言葉のそれとは全然違う。

ダウンタウンがテレビの漫才コンテストか何かに出場したとき、横山やすしは、おまえらの漫才はチンピラの兄ちゃんが立ち話してるのと変わらへんやないか、などと酷評したことがあったが、それに対して松ちゃんが、チンピラでも何でも、おもろかったらそれでエエやんけ、と言った。

横山やすしは、わかる人にはわかるが、あれはベースに泉州弁がある。彼は堺育ちで幼い頃には岸和田にも住んでいたそうだ。妙に前のめりじみた話し方の西川きよしと、やっさんが「一八（「かずや」、息子である）！　おお、第四コーナーやど。いけえ、まくらんかい」と胸を張って派手な手振りでぶっ放す言葉とは全く違うものだった。

それはまさしく本来の「いちびり」だったと思う。「いちびり」は標準語はじめ、ほかの言語に特に訳しにくい言葉である。お調子者、ふざけること……といったニュアンスではあるが、それが良い意味であるか悪い意味であるかは前後の文脈や発語のありよう、そして何よりもそのメッセージの中身でかなり変わってくる。

「いちびり」はもともと「市振り」が語源だそうで、市場でセリの商人が身振り手振りを交えて忙しく競り合うさまが嬌態で、見ているととても滑稽でふざけているようにも見えるため、それを人の性格や言動を指す言葉に転用したと推測される。

けれどもやっさんは、「いちびる」ことは常々だったが、相手に「嚙む」ことはしなかったし、素人を「いらう」ことは絶対なかった。

いま、テレビの情報バラエティの大阪弁にあるのは、付和雷同として場の空気に乗っかるボケそのもののボケと、他罰的で批評性のかけらもない内輪なツッコミがあるだけだ。それはミカもユカも区別がつかない的な女子校同級生ノリで、なにか「そのノリにあわない」ことがあると、「あいつ、むかつくんだ」とその場の空気からはじかれたものをいじめる。

「空気を読むこと」というのはそのようなものではなく、いつも絶好のタイミングに「誰かのため」に一歩引いて、そのメッセージを引き出すことである。大阪の掛け合い漫才の天才たちは、いつも舞台で「相手の笑い」を引き出していた。

大阪的なムラの住人と、テレビ村の住人

大阪市長に平松邦夫氏、府知事に橋下徹氏が当選した。かたやアナウンサー、こなたタレントであるが、どちらもテレビというメディアの世界にいる人である。

わたしはどちらかというとテレビを見ない人であるが、ひととき在阪テレビ局の報道バラエティに出ていたこともあって、テレビというメディアおよびシステムについては若干詳しくなった。

テレビ的なコミュニケーションについては知事選で圧勝した橋下氏も『まっとう勝負！』（小学館）の爆笑問題との対談で書いているが、

「テレビの場合は、何をいってるかななんて、本当は誰も聞いちゃいないんです。だけど、真剣に何かを話してるってイメージだけはちゃんと伝わる」

ということであり、「わたしはアナタに真剣に話をしています」という、コミュニケーション開始の合図――接続のコミュニケーション――だけが問題で、そのコミュニケーションの回路に後から乗っかる本体のメッセージは二の次ということになる。この接続的コミュニケーションはロマン・ヤコブソンが言うところの〈交話的コミュニケーション〉であり、あなたとわたしは対話の当事者だ、ということを確認するだけのものだ。このコミュニケーションの特徴は、前回にも書いた「空気を読

むことだけのコミュニケーション」や「ケータイメールのコミュニケーション」と大変よく似ている。

毎日新聞大阪版は、選挙後すぐの紙面で、橋下氏のインタビューから、

「ええ、テレビは中身じゃないんです。僕の演説も政策の中身は話していない。玄人の九割ぐらいに反対されているんですけど。だって、寒空の下でマスを相手にしゃべるとき、そりゃ、伝わらないですよ。自らの突き進んでいる姿、それだけを伝えようと思って。メディアに身を置かせてもらって学びました。脳ミソに働きかけるのと心情に働きかけるのとの違いをね」

というとても意味深なコメントを載せている。

大阪は横山ノックを府知事に選び、西川きよしを代議士に選んできた土地柄である。それは官僚や府議会議員あるいは代議士のカバン持ち出身者を「先生」にせずに、漫才師に一票を入れた「われわれ」という土地柄ということであるが、今回の選挙についてはそれとはまたちょっと違う、ある種の違和感を感じている。それはそのまんま東が東国原英夫氏として宮崎県知事に立候補し当選した時に感じた、ちょっとおぞましいもの、すなわち「テレビという装置」においてのコミュニケーションと選挙という政治的手段のリンクの仕方である。

大阪人はどこに行っても、何の衒《てら》いもなく大阪弁を使う。また地元大阪では「ボケとツッコミ」を解せない者を「洒落がわからんヤツ」として区別する。それは学校で成績が良くても会社で仕事ができても、政治家でもお金持ちでも関係がない。つまり強弱、大小、多寡といったものは、街での実生

活とは別である、という尺度がないような尺度があるということだ。すなわち大阪というリアルな街場でのコミュニケーション自体がひとつの生活のありようであり、その「場」のコミュニケーションこそがすなわち社会である。そこに「われわれ」という〈共―身体〉あるいは〈共―欲望〉がある。「われわれ」でも「ワシら」でも「うっとこ」でもそうだが、大阪の場合は元々街場の関係性がベースにあって、そこにまだ〈共同体〉（地元感覚のようなもの）としての〈街場〉があり、その「共同体性の逆襲」というもののひとつの例が（それはいつも極端である）、そのようにして漫才師を国会に送り出し知事にしたことだ。

おらがムラの先生は、大地主か土建屋のボスあるいは地元が出した東大出の議員秘書のたたき上げではなく、こういった事実が大阪的な地域共同体としてのムラ社会の実態だといえばそうである。

しかしながら、商店街がシャッター街化しコンビニとグローバルスタンダードなファストフードに変わり、ロードサイドの巨大スーパーやカテゴリーキラーにワンボックスカーが列を作る時代になり、大阪においても今や街的＝ムラ的な共同体は弱体化している。北摂や河内や泉州のいわゆる郊外化された地域はいわずもがなで、とくに天神橋筋や生野や岸和田といった一部を除いては、もう負けそうである。

その共同体の代わりとして、とても心的であり仮想的な「共同体性」を形成しているのがテレビという装置である。そのテレビも、もちろん「テレビ村」の住人をつくる。だが本来の大阪的なムラの住人とそのテレビ村の住人は著しく違う。それは前者のムラ人が〈生活者〉であり後者は〈消費者〉であるという違いもあるが、間主観的な共同性においての違いである。

それはわたしが「わたし」と「ほかの人」をふくめて「われわれ」と感じる場合と「みんな」の違いのようなものである。

テレビ村という共同体は「みんな」を絶えずつくる。それは橋下氏はわたしのことは知らないけれど、「みんな」は橋下氏を知っているという幻想だ。なぜならわたしは橋下氏の顔はもちろん、年齢から出身地、出た大学そして高校まで知っているし、過去の発言や所得を誤魔化していたことも知っているからだ。言いかえると、大阪の「わたし」はそのまんま東つまり東国原氏以外の宮崎県知事候補者を知らないのと同じレベルで、大阪のおばちゃんやおっさんつまり「ほかの人」は、橋下氏しか知らないのである。

そしてテレビ村の住人でいる限り「われわれ」という感覚は前景化してこない。だから「われわれ」を持たない「わたし」も「ほかの人」も、モナド的な個人としての「一人ぼっち」である。だから集団であるはずの「みんな」はいつも「一人ぼっち」である。しかし、一人ぼっちのわたしが、バラエティ番組で茶髪にグラサンの橋下弁護士を、立候補後にはスーツ姿で黒髪にしてグラサンを外した橋下候補者として見ていること、つまり〈いま―ここ〉は、全国のテレビの前の「みんな」と共通している。

その「みんな」は、丸の内のビジネスマンであれミナミの商売人であれ、三条寺町の居酒屋で飲んでようが長田のお好み焼き屋でそばめしを食ってようが、モニターの前では同じ「テレビ村」の住人である。しかし決定的であるのは、わたしを含めて「テレビ村」の「みんな」は「テレビという装置」の中では「顔がない、みんな」だから、橋下氏とは絶対的に代替不可能であることだ。

新聞報道によると、橋下氏の街場での街頭演説の締めは、

「偉そうに言ってますが、一カ月前までジーパン、茶髪にサングラス、そのへんをぶらぶら歩いてたような男です。皆さんの気持ちと一緒なんです！」

であり、で、どうする、はすっぽり抜けたまま、続いて歩いた下町商店街では、さらにタレントの顔が全開だった。

「テレビのクルーが追っかけているせいで、まるでバラエティ番組のロケ状態。『あっ、橋下弁護士や』『へぇー、テレビより男前やん』。ケータイのカメラでのツーショットをねだれば、労をいとわない。おどけポーズだってへっちゃら。おばちゃん、おっちゃん、坊ちゃん、お嬢ちゃんまで飛び出してきた。人気者である」（毎日新聞）

とのことだ。しかし、この「おばちゃん、おっちゃん、坊ちゃん、お嬢ちゃん」は、まぎれもなく、わたしにとっては「みんな」であるが、わたしにとっての「われわれ」にはなりえないのである。

「笑わしてナンボ」と「笑われてナンボ」の違い

大阪ミナミ・道頓堀の「くいだおれ」が閉店することになった。

関西では、橋下知事よりも有名な看板人形である「くいだおれ太郎」の受け入れ先募集の話や甲子園で阪神タイガースを観戦する「引退興行」など、その話題はいつもテレビや新聞を賑わしているが、閉店に関してのこの店の有名女将の柿木道子さんや社長の山田昌平さんの発言は、大阪の街としてのありようを示唆していて興味深い。

山田社長は「最近、大阪といえばたこ焼き、お好み焼きといった『粉もん』ばかりがもてはやされ、若い人が立ち食い感覚になっています。伝統的な大阪料理を召し上がるお客様が少なくなりました。家族経営でがんばってきましたが、もう限界を感じました」(JanJanNews08/04/10)とコメントし、女将の柿木さんは「今、どんな料理を出せばいいのかもう、分からない、というのが正直なところ。コナモンだけが大阪の味ではないと思うのですが……」と寂しげに語っている(産経News08/04/14)。

飲食店としての「くいだおれ」は「吉本・たこ焼き・阪神タイガース」ではない。そこがよく誤解されているところである。オフィスに送られてきた「閉店のお知らせ」というFAXには、閉店の理由が丁寧な楷書墨文字によって「一、建物・設備等の老朽化、一、周辺環境・時代の変化、一、総合食堂形式と家族経営の限界、に依り」と書かれている。その中の「周辺環境・時代の変化」というのが、その大阪とくいだおれの置かれている位置のねじれのようなものである。

それはメディアの中の「大阪」そのものでもある。吉本の芸人が地元関西のみならず東京のテレビに登場するようになったのは、八〇年初頭の漫才ブーム以降のことである。やすしきよしの舞台が全国ネットの東京のテレビに放映されたすぐ後の頃から、テレビはバラエティ路線をひた走る。いうまでもなくバラエティ番組というのはひたすら「面白さ」を追求するもので、「面白ければ何でも良い」のがその本質である。そういう流れに明石家さんま、島田紳助といったテレビ世代の吉本芸人たちは、実によくフィットしシンクロするように「テレビという舞台」を席巻していった。そういった吉本芸人が数多く登場するきっかけとなった『笑ってる場合ですよ!』(八〇年〜)『オレたちひょうきん族』(八一年〜)のフジテレビ・プロデューサー横沢彪は後に吉本興業に役員として転じ東京支社長になるが、そこから東京の「バラエティ番組」といった巨大なマーケットに吉本が進出し成功を収めるのである。

しかしその成功とトレードオフしたのは大阪の「笑われ方」である。「テレビという舞台」は巨大メディアである。その「メディアの中の大阪」はほとんど東京一極集中のメディア側からの視線であるのだが、そこでの「面白い大阪」はキャラクターとしての「あほ」や「いらち」や「下品」、「おばちゃん」や「ヤクザ」を、街としては「猥雑」「汚い」「ガラ悪い」といったものをニーズとして要求され、それに応えるように商品化していった。商品化された大阪はもちろんあくまでも「大阪的イメージ」であるが、それが売れるとなるとどっとそちらに流れる。イメージ通りの大阪人を演じることと、その大阪人がイメージ通りの大阪人や大阪を抽出し笑うこと、それがある種吉本的大阪商売のコアコンピタンスになっている。それは大阪人からするとその実とてつもないワンパターンであり、もはや「面白くも何ともない」ものであるが、お笑いなりワイドショーなりといったものは、もともとが一発ギャグ一つのステロタイプの反復である。

しかしながら、テレビというメディアがそうなると当の大阪人はそのイメージをあらかじめ「自分たち」「ワシら」として内面化してしまう。すなわち東京のメディアが語る「自分たち」「ワシら」そのものを受け入れた形で自我意識を形成してしまうことになるのだ。この「ザ県民ショー的」な構造が、くいだおれをとりまく「周辺環境・時代の変化」であり閉店の理由の一つとしてあるならば、それは大阪的な悲劇としか言いようがない。

わたしはだんじり祭をやっている人間であり、確かに声はデカいしイラチではあるがヤクザでは絶対ない。たこ焼きに関しては家には「たこ焼き器」はないし、ミナミでは割烹やフレンチ・イタリアンにバーにも行き、うどんやかやくごはんは食べるがたこ焼きやお好み焼きは食べない。また南海ホークスのファンではあったが、阪神タイガースには球団にもファンにも興味がない。

そういう「ややこしさ」や「むずかしさ」、つまり重層的で複雑なところが大阪人を含め、隣の街とその隣の街が違う関西という土地柄なのである。同様に大阪人や京都人は、よその人がテレビや映画で関西弁を話すことに対しては敏感である。たとえば『極道の妻たち』の岩下志麻が台詞として喋る大阪弁には「アレはないなあ。岩下志麻弁や」と違和感を示すし、とくに東京の人が「もうかりまっか」とか「ぶぶ漬けでもどうどす」などとアクセントが違う関西弁で言おうものなら「変やで、やめとき」と制止するか、オウム返しに口真似して嘲笑するかである。それこそ「あほちゃうか」と思っているのである。

だからこそ「コテコテ」であれ何であれ「ほんまの大阪人」を大阪の人々は演じてしまい、その一部分がメディアによって増幅されるのであれば悲劇のさらなる悲劇である。だが確かに大阪には人を「笑わしてナンボ」の精神があるが、それと人に「笑われてナンボ」とは違う。

くいだおれの例の人形に関してはいろいろな逸話がある。そのなかでも有名なのは、昭和三四年に新ビル「くいだおれビル」を建て替えの際、銀行の資金融資の条件として「店頭の人形を撤去すること」があげられた。「街のイメージにそぐわぬ古くさいもの」ということだったらしいが、それを創始者は断り銀行融資なしでビルを建てた。大阪のアイコンとして押しも押されもせぬ「くいだおれ太郎」であるが、そういう話をも「大阪ベタあほコテコテ」的にとらえてしまいかねないバラエティ番組的感性は、行き着くところまで行き尽くしたというしかないのであろうか。

「どこのもの」でもない言葉の氾濫

週末にＡｉｒＭａｃを買いに大阪駅のすぐ前にある大型家電量販店に行った。一階のケータイやデジカメやパソコン売り場では、キャンペーンギャルが肌の露出は少ないもののまるでレースクイーンのノリでデモンストレーションをやっている。吉本のイベントはともかくこの世界の呼び込み（いやナレーション）は「どこでも標準語っぽいねんな、しかし」などと思いながらＭａｃの売場に行ってＡｉｒＭａｃのコーナーを探し、設定の仕方やプリンターの接続法などなどを黒い制服シャツを着た店員さんから説明してもらう。

ここでも説明は「ＵＳＢにおつなぎになればぁ、ワイヤレスで共有できますからぁ」と変な標準語である。キミそれまるでオカマみたいな喋り方やでぇと思うが、どうして大阪弁でないのか、というのはよくわかる。それは市場の魚屋とか街の電気屋さんと違うからだし、ハンバーガーのマック（大阪の街場ではマクドだ）でもスタバでもローソンでも関西弁は使われてない。けれどもその言葉は正確には標準語でもない。

これが大阪においての現在進行形のグローバルスタンダードの現場である。なんていう話はまるでしょうもない。だからやめる。

大阪弁について芥川賞を受賞した川上未映子さんのインタビューが『文藝春秋』に載っているので読んでいると、川上さんは東京に住んでいるそうだが、普段の会話がせんぶ大阪弁だとのことで、そのこだわりについて訊かれていた。

川上さんは、

「自分が大阪弁なのは変える理由が無いからですね。標準語で喋ると、脳味噌の一部がすごく硬くなっている気がするんです。イントネーションが分からんまま、探りながら喋っているから、すごい疲れてしまう」

と答えていた。大阪弁を「変える理由が無い」というのは、あたりまえのようでいて、なかなか微妙なことである。よその街に行って大阪弁（関西弁）を話すのは大阪人（関西人）だけだ、とはよく言われることであるが、九州や広島の人（なぜか西日本が多い）が大阪でも東京でも、「〜しとうとですね」「じゃけー」とかを話すのはよく耳にすることがある。たぶんその人たちは「変える理由が無い」ということでなく「変えられない」というのが正確なところである。もちろんそういう人も関西には多い。いや、全国どこにでもいるはずだが、上方人の多くは「どうでもええ」と思っている。

このどこでも大阪弁で喋ること、さらに書くことについては、わたしがまさにそうであるので、よく考えることがある。仕事がそういう仕事なので、どうでもええやんけ、とは思えないことがあるのだ。

「京都や大阪や神戸で育ち、地元で社会生活を送ってきた人間は、仕事で東京に行って、商談や打ち合わせや会議などの時も、あまり気にせず関西弁でしゃべっている。それは恥知らずにも堂々と方言を話している、という意識はない。関西弁を話さないことの理由がないからだ」

これは『「街的」ということ』でわたしが書いた一節（二一四頁）だが、そういってもわたしの喋る関西弁は、岸和田だんじり関係者の場とオフィスと、はたまた東京の編集者との打ち合わせとでは違う。東京にいる仏人のルノーさんと電話をしているときに、横で聞いていたスタッフに「東京弁で喋ってますね」と言われることがあるが、それは「いうてはりました」とか「それはちゃいますわ」とかの大阪弁はガイジンさんには伝わりにくいので「おっしゃってました」「それは違いますよ」となる。イントネーションはまだまだ関西弁だが使う語彙が違う。

田辺聖子さんの『大阪弁おもしろ草子』（講談社現代新書）は昭和六〇年頃書かれた連載ものなのだが、その中に「明治政府が唱導強制した標準語・共通語はいち早く上方にも広まって、私などが小学生のころ（昭和十年代はじめ）は、もう大阪弁を使うのは品がわるく無学なあかしのように思う気風が、大阪の若いインテリの間にあったように思う」とあるのだが、昭和四〇年代にわたしが岸和田の街中の小学校の低学年の時に、確かお寺の娘の先生が、ちょっと標準語的なしゃべり方をしていた。クラスの中でも三学期の学級委員的にお勉強が出来た小学生たちには、それがちょっと賢そうに見えて「カッコいい」などと思って真似をするものがいたが、街場の親父、母親たちのなかにはあからさまに「あの先生は様子する」「気取ってる」「エラそうや」という人がいた。

田辺聖子さんの場合は、岡山出身者の「若きインテリ」の母から、「そうやしィ」「あかんしィ」というと、下品だと叱られた。しかし「大阪弁の語尾を東京風にするというのは、むつかしい以上に、首をくくりたくなるような恥かしさがある」とのことで、「芝居のセリフをしゃべらされているようになり、言葉の生命力が失われてしまう」と書いている。その顛末は、祖父が「じゃらじゃらした怪《け》っ態《たい》なコトバ使うもんやない！」と一喝して、田辺家の言語近代化方言矯正運動は立ち消えになったそうだ。大阪の街的極まりない話だけれど、そうなるとヨソ者のお母さんはちょっとかわいそうだ。

以前ワインの取材で山梨県に行ったとき、ブドウ農家の人がきつい大阪弁を話す取材チームを訝り、その上で「山梨には方言がないですから」と威張るように言ったことを記憶している。また岡山にお嫁に行った神戸の若い女性が言うには、神戸弁をそのまま話すといやな顔をされる。「こちらが標準語で喋ろうとしてるのだから」とのことだ。神戸から岡山までは新幹線で半時間の距離である。

書き言葉の関西弁はまた状況が違ってきている。関西弁で書かれる小説は、西加奈子さんや川上さんの作品もそうだが、町田康さんの河内十人斬りの『告白』は、もう大阪弁それも最も汚い激しいと言われる河内弁の乱れ打ちである。大阪弁というのは、あくまでも話し言葉であり、書き言葉の場合は若干違う。

そんなこと言われてもわかりまへんがな、とか、難かしてどもなりませんわ、などというようには書かない。これでは読みにくいからだ。あえて書く場合は会話文として「　」の中に入れてしまうことが多く、わたしたちが関西ローカルでやってきた『ミーツ』誌の場合もおおむねそうである。『告白』の場合もその通りであり、「　」内は胸のすくような河内弁の啖呵の連発である。

「なんやと、この餓鬼ゃ、一緒さひてくれやとお？　はっはーん、ちゅうことは松永が縁談断ってきたんもどうせおどれが向こう行て、百万だらええ加減吐《ぬ》かしたからやろ。なんちゅうことをさらすんじゃ、あほんだら。銭をどないしてくれんね、銭を。それを先に言わんかいな。銭をどないすんのんか。銭のことも言わんとなにが嫁くれじゃ、あほんだら。銭のないもんに娘やれるかいな、あほらしい」といってトラは立ち上がった。（中公文庫、五九八頁）

これは大阪弁（正確には泉州弁）を母語とするわたしにとってもちょっと読みにくい。なぜなら河内弁だからだ。しかしながら、「一緒にさひてくれ」は「一緒にさせてくれ」であることがわかるし、「百万だら」は泉州弁では「百万たら」だとわかる。

小説のリアリティは必ずその現場、つまりそこだけの時空を描き出すことで成立するが、読み手はそのテキストを逆に普遍的なものに引きつけて読み取る。

大阪や京都の中学・高校では、関西出身者の先生が多く、現国の授業の際の朗読も関西弁でやっているのが通常で、宮澤賢治の「永訣の朝」を朗読するのに「みぞれはびちょびちょふってくる」も「あめゆじゅとてちてけんじゃ」も関西イントネーションで読むことになるのだが、町田さんの小説を読み、見たことのない河内のひと昔前の農村を感じるのと同じように、行ったこともない普遍的な東北の冬の寒さ暗さが情景として浮かび上がる。

今の日本では、街中でも田舎でもどこでも土地の風景も店舗も商品も大変似ている。またインターネットを含めこれだけ過剰に発達した情報化社会では、京都嵐山の桂川も大阪のきつねうどんも、その固有の風土や文化といったものでなく、消費を前提としてラベルが貼られ透明パックに入れられたような商品情報になっている。

言いかえると、特定の地域らしさとか地域生活地域文化は、もはや「どこのもの」でもなくなっている。差異があるとするなら言葉で、だからこそわたしや川上未映子さんの関西弁があると思うのだが、Ｍａｃ売場やマック（ドナルド）やコンビニでは、「どこのもの」でもない言葉が、大阪でも博多でも話されている。

どんどん大阪（関西）弁で書かれるものが世に出てきて店で商品として並べられる反面、その店ではそうでない言葉が話されている。このねじれを関西弁を話さない人はどう捉えているのか、教えてほしい。

「体」の和歌山弁

和歌山の団塊世代向けの生活情報誌から、原稿の依頼があった。

以前からよく知っている地元の編集者Sさんからの依頼で、「街」とか「地域」という観点で、和歌山について書くべしとのことである。和歌山は岸和田が地元のわたしにとっては、いわば「隣の隣の街」であり、その視点をもってすれば、京都や神戸よりもその読者は断然近い。加えて担当のSさんからのオッファーは「読者はおばちゃんが多いのだが、増ページリニューアルを機に、これから和歌山のおっさんにもどんどん読んでもらいたいと考えているから、そこのところよろしく」という今どきの情報誌には珍しい、気宇壮大でナイスなものである。

そういうのは、何を隠そう堂々たるおっさんのわたしにとっては「任せなさい」である。

こうなれば、街や地域の話としては抜群におっさんライクな岸和田だんじりの話を書くしかないと思うのであるが、それはきっとご迷惑なので、今回はやめとこうと思った。

わたしは岸和田の商店街で生まれ、それこそ一年中だんじり祭り命のアホ（バカではない）とお調子もんがひしめいている地元でコミュニカティブに育った。高校を卒業するまでは歩いて行ける学校に行き、たまにミナミに映画を観に行ったり遊びに行ったり、磯ノ浦（和歌山）に波乗りに行ったりする具合だった。なので大阪南部の岸和田弁が、ちょっと遠い違う街の人にはどんなふうに取られるかは知らなかった。

ディープサウス大阪の岸和田弁は、「しばくどー」「わっしゃ〜」といったイタリアーノな語調もともかく、動詞の活用が違う。「やっちゃら、やっちゃり、やっちゃる、やっちゃれ、やっちゃろ」の五段活用の文法は、なかなか泉州地域限定的で難しかったりするのである。けれども、そういうことがわかったのは、阪急神戸線に乗って大学に通うようになってからであった。

その大学は、神戸市東部の山手にあって、学生は地元・阪神間や北摂からの者がほとんどだった。キャンパスで話す標準語はもちろん関西弁である。オレは岸和田弁は関西弁の亜種みたいなものと思っていたので、「昨日すまんのお。波あったよって、磯ノ浦でサーフィンしちゃぁったんやし」とか「カネ足れへんかったら、オレがおごっちゃるわい」とかの感じで、がんがんと喋っていた。

しかしその言葉がおかしいのだと、彼ら彼女たちは言うのである。その、おかしいというのは面白いという意味に加え、あまりにも地方的だという蔑視も含まれていた。

「何しとん?」「雨、降っとう」の地元・神戸の人間ならともかく、吹田とか豊中のヤツにそういうふうに見られることはないのではないか。オレは「けっ。万博前は田んぼや竹藪ばっかりやったとこのモンに、何で田舎もん扱いされなあかんねん」などと思うのであった。今も昔も変わらぬは、哀しい岸和田だんじり野郎である。

しかしまだその上手がいた。和歌山出身者である。

岸和田にいると、隣の隣の街の和歌山の言葉がどういうものかがわかる。それは岸和田高校の時に、さらに大阪府最南部の同級生が「帰りに喫茶いこらー」とか言ったり「たっしゃー」とか驚いていたし、磯ノ浦に波乗りに行って民家の前にクルマを停めると「そこ停めやんといて、すぐいごかしてや」と怒られたり、「こんなさっぶい日ぃに海ぃ入って、かでひけへんか」と地元の人から訊かれたりしていたからである。

ちなみにANAに電話しようと関空で電話帳で「えーと、全日空」と「せ」を引いても出てこない、なぜなら空港がある泉南郡田尻町のイエローページでは全日空は「でんにっくう」で、「て」のところに載っている、なんてギャグもある。その言語的特徴は岬町など和歌山に近づけば近づくほど顕著で、小学生に「象さん」の歌を歌わせるとその度合いがわかる。「どーうさん、どーうさん、お鼻が長いのね」となるからである。

定年退職した親戚の和歌山のおじさん（正確には和歌山弁では「おいやん」である）から、退職のごあいさつのメールが入っていて、その時の文面が「私事、○×は三五年間奉職していました株式会社○×○×を、三月末日付けをもって退職しました。現代は四人の孫と趣味のガーデニングを……」であり、それは「現在」と書くのに「げんだい」と入力してしまうからなどと、おもしろおかしくそのローカル性を隣の隣の街の人間は話しているのである。けれどもそこには東京のヤツが東北や北関東の者に送る類の視線はない。

さて大学生時代、テニスがものすごく上手くて、お洒落で快活な西海岸風のべっぴんさんの同級生がいた。オレは雑誌『ＰＯＰＥＹＥ』で大阪や阪神間の店とか四国サーフィンの取材を手伝ったりしていたし、その頃は皆、テニスが上手いというだけで、流行の最先端だなどと思っていた。経歴を聞くと、彼女とオレとは和歌山と岸和田とが違うだけの同じような経歴だった。

その彼女と一緒にテニスをやって教えてもらおうと、ＰＯＰＥＹＥ少年・ＪＪガールたちは、テニスコートに集まった。確か夙川か苦楽園だったと記憶している。

オレはその頃乗っていた、ルーフにハワイ製のサーフボードのキャリアを取り付けていたコロナのバンに、大阪方面からの同級生たちを乗せ現地に行った。クルマには「和泉ナンバー」がついていて、今でこそ「和泉」だが、その頃は「泉」だった。それを除けば、なかなかＵＣＬＡチックな光景である。

ブルーのテニスコートと白線がまぶしい中、彼女が意気揚々とラケットを振る。オレが連れてきた仲間は陸サーファー兼テニスボーイの奴ばかりで、はっきり言ってカッコばかりでド下手である。

バックハンドなどは、見ていて情けないくらいカッコ悪い。だから何とかしたい。それを見て彼女は「バックハンドは、かだらをねじって、戻す。ほら、こんな感じ」と、みんなの前でやった。

ＰＯＰＥＹＥ少年とＪＪガールは全員、目が点になる。「かだら、やなあ。やっぱり」と真似して言って、がははと大笑いしたのは、岸和田出身のオレだけであった。

クルマで店に行く「専制君主」

クルマをやめてもう何年になるだろうか。多分、五～六年は軽く過ぎていると思う。

クルマなんかに乗っているようでは、地球に優しくない、エコロジーでいこう、ということではまったくなくて、立て続けに二回、原チャリで酒気帯び運転で捕まったからだ。

周りの友人を見ても京都のバッキー・イノウエや岸和田のM人など、なぜか同じ頃に同じようなことがあってクルマをやめた人間が多い。

確かその頃は、酒気帯び運転はまだ罰金三〇万円という恐ろしい状況ではなかったし、勤め先から懲戒を受けたりするような風潮ではなかったと記憶するが、自分が住む集合住宅のすぐそこ一ブロック前で、「はい、飲酒検問です」とやられて捕まったのが、とにかくショックだった。

たまたま近くで飲む機会があったとある夜に、バイクに乗ってきたからと横着をしてしまって捕まったのだが、その日はなんだか素直に「すいません、ちょっと飲んでます」と免許証を出し、「家、そこですねん」と指さし、「もう絶対しませんから、今回は堪忍してください」とオレは言った。

家がほんのそこだからといって許してくれるものでもないが、四〇代くらいのおっさんの警官は住所を見て「〇×通12―34。あ、気の毒に」と面白そうに言ったので、オレは「何が、気の毒じゃ」といきなり腹が立って、何で近所の人間の原チャリを捕まえんねんほかに仕事あるやろ、とか、昔小学校で習たのは警官は地域住民の安全を守るためのもんや、地域住民いじめてどないすんねん、うちとこおととし空き巣に入られてそれも解決してないやないか、あんたは何のために仕事してんねん、とかむちゃくちゃ言ったら、それは管轄が違う、みたいなことを言うので、同じバッジつけてるやないか、ほなら名札に書いとけ、とか、さらにむちゃくちゃ言っていた。

すると横でクルマの窓を開けさせて「息を吹いてください」とやっていた若造の警官が助っ人に来て、「近くでも遠くでもダメ。こないだも自分のガレージの前で子どもをひき殺した主婦の人いたやろ」と言うので、「自分なあ、こんなチャリンコバイクで、人殺せるわけないやろ」と言って不貞腐れたら、「とにかく飲んだら乗るな、乗るなら飲むな、や。ええか」と言われたので完全に逆上してしまった。「あのなあ、にいさん。オレはなあ、いつもいつも飲んで歩いて坂上がって帰るのんしんどいから、バイク買うたんや。世の中にはいろんなやついるんや。飲酒運転防止するんやったらバイク売るときに『飲酒して乗る人には販売しません』てメーカーに書かさんかい。ほならハナから買いませんわ」と言ったら、「あんた漫才やってるんちゃうで」とおっさんの警官が言ったので「ほんまやなあ」と我に返った。

けれども指紋を捺すのがけったくそ悪かったので、バイクをそこに置いたまま家に印鑑を取りに帰った。悲しい男である。

そういう結末で免停三カ月もあったが、それがきっかけでクルマもバイクもきっぱりやめた。

クルマに乗らなくなって気がついたのは、クルマに乗っている頃に比べて、外に出るのが億劫になるようなことが多いということだ。それはたばこを買いに行くのにクルマだとすぐ自動販売機の前まで行けるが、歩いてだと行くのがめんどくさいとか、そういうことではない。

外に出るということが、案外クルマだと苦にならないことが多いということだ。ガレージが同じマンションの中にあったりする場合、そのままエレベーターで降りてきてクルマに乗りこみどこかに行く感覚が、例えば暑くて急にソフトクリームが食べたくなって目当ての店に買いに行くとか、ちょっと小腹が減ったのでロードサイドのラーメン屋に食べに行くとかにしろ、外出するという感覚ではない。だからクルマだとほとんどジャージにつっかけ履き姿で出てしまう。それは自分にヤンキーな体質があるということも否めないが、ほんの一〇〇メートルのところにあるコンビニで缶ビールを買う感覚で、ぴゅーと行ってしまう。

これは家族や誰かといっしょに行く際でも同様だ。外に出るという意識が希薄なので、二キロ離れたバイパス沿いのファミレスでもホームセンターでもそのまま行ってしまう。部屋にいるのと同じように、好きな音楽をデカイ音で聴いて、馬鹿話でガハハとみんなで笑っている。ドアを降りて一歩外に出ると、「知らない人がいる」という当然の現実がなかなか見えないのだ。

だから、大ぜいでどやどやと店に入ってくるし、席に着いても子どもが騒いで他の客に迷惑をかけているということがわからない。ところがそういった店では、店員さんもほかの客も「知らない人である」というのが基本である。というより、店があらかじめ「知らないところである」という装置として成り立っている。そこが街場のお好み焼き屋や鮨屋と違うところだ。だからクルマ客ばかりの郊外の店では、「店が客で荒れている」ということを感じることがある。

自分の部屋では専制君主で、知らないところ、知らない人ばかりのところでは放縦、そういう人間は、誰にとってもいやだし第一、怖い。

店というのはパブリックな場所である、ということを教えてくれるところでもある。店はキミぼくあなたの店であり、マスターやシェフの店でもある。だから、知らないからといって、自分のやりたいことをそのままやるのは認められていない。逆によく知っているからといって、知らない客にもわがままを押しつけると、店の大将に叱られる。

家からクルマに乗って店に行くと、全くそのあたりがすっとんでしまう。自分の部屋が部屋のまま移動してしまうからだ。だからそういうデリケートである店、つまり酒場のような街場の店へは、絶対クルマで行くべきではない。

そうかそういうことだったのか、というわけでクルマをやめた。というのはもちろん後付けで、家からクルマに乗ってどこかに行くということは、必ず他人に甘えたりすることだということが、クルマをやめてからわかったということだ。

車内が広くて高いワンボックスカーは、そのまま家族の部屋みたいだ。そういうクルマが街でもほとんどになったから、またクルマに乗ろうなんて気は起こらないというのは言い過ぎだが、それとわかるベンツやセルシオばかりの道を一緒に走りたくないからオレはクルマに乗りたくない、というのとどこか似ている。

手みやげは難しい、か

東京の某雑誌から「手みやげ」特集の仕事依頼があった。関西方面の「手みやげ名人」から取材してレポートせよ、とのことだ。

企画書には「相手が品定めしているのは、実は〝品物より贈り主〟」で「手みやげは作法」であり「東と西で文化が違い」「手みやげは恐ろしい」とある。

この「手みやげ」や「おつかいもの」関係は、このところグルメ誌や大人の悦楽系雑誌にもよく特集されていて、モノ・カタログのような誌面で、東京や京都をはじめとした旧い老舗の菓子や料理屋やレストランの持ち帰り食品が紹介されている。

なかでもよく売れたというブルータス誌の特集「日本一の手みやげグランプリ」を見ていると、「京都三風流人による手みやげ放談。」というコーナーがある。京都・嵐山の著名料亭の主人と、華道と茶道のそれぞれ家元の娘と息子さんの鼎談なのだが、いきなり冒頭から、

「手みやげは薄うて軽いもんが一番」

「賛成！」

「うちの祖父もよく言ってました。便利券（お札）が一番ええなあって（笑）」

というのが書いてあって、これは洒落か、それにしても……と、何ともいえない気分になってしまった。「お金が一番」とはまるでホリエモンか村上ファンドではないか。そこは「京都三風流人」だからオッケーなのかもしれないが、堀江や村上がもしこんなことを言って、メディアに載ればそれこそ大ブーイングである。

人に何かを贈るということは、モノの売買つまりカネとモノの「交換」ではない。それは「贈与」である。そして「贈与」が始源でそこから経済社会の「交換」が生まれた。逆はない。その「贈与」については、中沢新一さんの『愛と経済のロゴス』（講談社選書メチエ）で、その原理が簡潔にまとめられていて、それを引用する。

贈与の原理

1 贈り物はモノではない。モノを媒介にして、人と人との間を人格的な何かが移動しているようである。

2 相互信頼の気持ちを表現するかのように、お返しは適当な間隔をおいておこなわれなければならない。

3 モノを媒介にして、不確定で決定不能な価値が動いている。そこに交換価値の思考が入り込んでくるのを、デリケートに排除することによって、贈与ははじめて可能になる。価値をつけられないもの（神仏からいただいたもの、めったに行けない外国のおみやげなどは最高である）、あまりに独特すぎて他と比較できないもの（自分の母親が身につけていた指輪を、恋人に贈る場合）などが、贈り物としては最高のジャンルに属する。

この本の中沢さんは、実にわかりやすい。贈与というものは、このように「不確定で決定不能な価値」の移動なのだから、わざわざデパートのカウンターで商品の値札を外してもらうし、このブルータスの鼎談の見出しで出てくるように「手みやげをはじめ、進物にも『お返し』が必要なんです」ということがいちいち礼儀になっている。そしてそういった事柄が「ややこし」くて「しんどい」から、人はカネ、つまり貨幣を生み、簡単で合理的な「交換」の原理にまとまっていくのである。「手みやげ」とはその通りで、その贈り主がわざわざモノを携えて、それを受け取り手に手渡すコトである。つまり「贈る人そのもの」だから、右の原理にぴったり当てはまり、「贈与」的である。

この取材で、わたしが「手みやげ名人」と目す、大阪の主婦（『白い巨塔』で有名な大学病院の「先生」が夫で、法学部の元教授で国家公安委員だった弁護士が父）や阪神間のゼネコンの偉いさん、岸和田の祭礼関係者などなどに「手みやげ」のそのココロについて訊くと、口を揃えて「相手さんに『贈られたこと』を余計に意識させないモノが良い。だから『残らない』食べ物や酒がふさわしい」という答えが返ってきた。

あたりまえといっちゃあたりまえである。

しかし、このちょっと違った感覚は、贈与とは別のもので、それを贈与の極限にあるところの「純粋贈与」と中沢さんは呼んでいる。

「純粋贈与」ではモノは受け渡しされるが、その瞬間にモノの物質性が破壊されることを望む。「贈与」は贈られたことを忘れないが、「純粋贈与」とは贈ったこと贈られたことが記憶されるのを望まない。誰が贈ったかも考えられなくする。だからいっさいの見返りを求めない。

そういう「純粋贈与」を人間は「神様の仕業」であるとしておこうとする、そしてそこから宗教の思考が生まれた、と中沢さんは書いているが、こういう発想は、ある種極道なもので、ある種の任侠稼業人を知る街人なら、誰もが「ははん」と合点がいくことだろう。

けれども手みやげは、誰かが何かを贈ったことを完全に忘れられると、その意味をなさない。だからこの「贈与」とちょっとした「純粋贈与」の「あわい」のようなところが難しい。

まだまだ旧い町が多い京都や大阪では、それが贈与だと見なすと「半返し」などの「お返し」というかたちで円環をつくり、共同体的な関係や人づきあい的な信頼をつくっている。言いかえると、誰かに何かを贈ること「贈与」は、その誰かがそれを受け取ることで「反対給付」つまり「お返し」の義務が発生する。

だからこそ「タダより高い物はない」とはよくいったものだし、もし一億円が包まれていたら、その返しに困るから「カネは受け取れない」のだ。相手が受け取れないものは手みやげにはならない。

そのカネは貨幣ということになっている。それは国語辞典にも書いてあるが「商品の価値尺度や交換手段として社会に流通し、またそれ自体が富として価値蓄蔵を図られるもの」だ。だから「交換」の際のデジタルな「価値の尺度」であり、その価値はモノやサービスなどと「交換」されて初めて意味を持つモノ、つまり「紙切れ」であり、タンスに眠らせたり銀行に預けっぱなしだとそれは機能しない。

「贈与」から生まれた「交換」の原理は、「商品はモノであり、そこにはそれをつくった人や前に所有していた人の人格や感情は原則として含まれず、その価値は計算可能なもの」ということが初期設定としてある。

人に何かを贈ることの難しさは、贈る方、受け取る方、双方に「身の程をわきまえる」という大切な倫理を教えてくれる。

そういうことは、「原理」であって京都も東京もへったくれもない。

「正しい食べ方」は街をつまらなくする

「いつまでもちますか？」

と漬物に賞味期限みたいなことを訊く客が増えて、年々ストレスが溜まっている、ということを京都・錦の漬物屋バッキー・イノウエがぼやく。

漬物はいつ（までに）食べるとおいしいかということは、確かに難しい。それは漬物の種類、つまり野菜や漬け方などによるからだ。だから地元のお年寄りたちは「これ、漬かり過ぎちゃうな」とか、沢庵の皺の深さなどなどを確認したりして好みのもの、好みの具合を買っていく。

生まれ育った泉州・岸和田には「水ナスの浅漬け」という漬物がある。水ナスというのは泉南地方、とくに貝塚や泉佐野の山手あたりでしかよく育たない地元野菜で、その名の通り手で搾ると汁がしたたるほど水分が豊富な丸いナスで、用途としてはほとんどぬか漬けのみに使われる伝統野菜である。

その浅漬けは、ナスの紫の皮の色が、ほんのり茶色に変わるか変わらないかの具合が好まれていて、それは実際おいしいのだが、結構漬かりすぎのヤツもなかなか好きで、酒をたらふく飲んだあとの茶漬けには絶好だと思うのだが、そういう具合を「いつまでもちますか？」で訊くのは、まるでちぐはぐなのである。さらに古漬けになってしまったヤツは、ジャコエビと炊いてもうまいが、うちの家ではめんどくさいので塩抜きしてしょっぱさを辛抱して食べていた、と記憶する。

「いつまでもちますか？」という問いは、「賞味期限」というふうにバッキーは考えている。「賞味期限」は「消費期限」などとともにこのところ添加物みたいな文脈でよく出てくる単語だが、さらに「持って帰りたいのだが大丈夫か？」「帰りの車中、匂わないのか」といった質問も必須に加えられるとのことで、バッキーは「三つとも、好きやない質問や」と静かに嘆いている。なかなか京都らしさを売る商いも大変だと思うのである。

ちなみに彼の店の漬物についての「賞味期限」は、添加物などと同様に表記しなくてはならない袋詰めのものについては、試験を何度かしてから「自分が決めている」とのことだが、小さな声で「短めにしてる」と言っていた。そういう配慮を「そんなこと、わざわざしてるなら、知ってる者だけに売ったらエエんとちゃうの」というふうにするのは、ただイヤミなだけの店なのだ。

「しば漬け」についてのこの話もある。大手の漬物屋が、時代の要請もあって紅色〇号とか紫×号とかの添加物を避け、野菜色素を使ったところ、売り上げはどうなったか。

予想に反して、見事に落ちたそうである。インパクトがない、つまり「そらそうや、しば漬けはやっぱり舌を真っ赤っかにしてこそ、おいしいもんや」であり、その漬物屋ではまた元の着色料を使うようになったとのことだ。

そういう意味では京都は食べ物に関して、なかなか保守的なのであった。

この二つの話はおもしろい。今の人つまり消費者は、食べ物に関して「賞味期限」や「添加物」といったデータ表記を気にし、「スローフード」などと旧いことを新しく言ったりして、どんどん賢く敏感になっているが、漬物がどういうものかや野菜が腐る匂いがどうなのかがわからないので、バッキーのつけた賞味期限が過ぎると味も見ずに捨ててしまう。そこが辛いと言う。

また、わたしの育った近所の居酒屋や地元料理屋では、ちょうどいいくらいに漬かった「浅い水ナス」には、いつも味の素と醤油が当たり前のようにかけられていて、そうすることがおいしい食べ方だと今も思っているのだが、大人になってミナミの街でその頃はまだ他所では珍しいはずの水ナスがちょうどよい漬け具合で出てきたので、「おお、水ナスかいな」と醤油をかけて「味の素、ないですか」といったら、あからさまに顔をしかめられた。

それは少し人をバカにしたような感じだったので、オレは悲しくなると同時にちょっと腹が立って、「七味おくれ、言うてんちゃいますやん」と言ったが、その冗談めいた話は通じなかった。

漬物にしろ何にしろ、人は「おいしく」食べたいと思うから、醤油や味の素をかけているのであって、それと腐った食べ物や毒になるものを食べるというのは別の話だ。だれだって身体に悪いものは食べたくない。

しかし賞味期限や添加物の人々は、「そうすることが、正しい食べ方なんだよ」といちいちうるさい。けれども、ぬか漬けの賞味期限といったものは、漬かり具合の好みは人それぞれで、データによる情報化が不可能なので、どこにも載っていない。

オレにしてみたら、おたくらそんなことわからんのか、わからんかったらどうでもええやないか、と思うのであるが、実際彼らは大きなマーケットなので、メーカーであるバッキー・イノウエも漬物を正味愛するがゆえに「京都の漬物は、いったいどこへ行くのだろう」とストレスを溜めまくるわけである。

賞味期限や添加物に敏感な人々は、京野菜や和食が好きな、スローフードの流れの人でもある。スローフードは、イタリアにおける食文化の伝統を守れということで、実際ローマにマクドナルドが出来る際にその運動が始まった。

食べ物の地産地消は素晴らしいことだし、オレも生まれ育った泉州の水ナスやガッチョを地元の昔からのやり方で食べ続けたいと思うし、そういうことをよく書き編集してきた。

けれどもそれは、「これ、どうや」とおいしいものを人に薦める、ということであって、「こう食べるのが正しい」という軸足の置き方にはどうもひっかかるところがあった。

食べ物の話は、ナニがおいしいコレもおいしいという具合に話を転がしていくのが関の山で、それはダメだろうそういう食べ方は許せないというスタンスが少しでも入ると、険が立つ。だからこのところ、地元・大阪新進のフランス料理やイタリア料理店で、生の水ナスを使った料理がよく出るようになったが、それは邪道だとか秋の水ナスは本来ダメだなどと、文句をつけることは、どんどん食というものをつまらなくする。

逆に食べる方は、消費者として「なんでも知っている」あるいは「もっと情報を知る権利がある」という意識を振り回すことこそが、どんなに街をつまらなくしているかをわかるべきだ。

「食べ物に関しては、オレらはアホのままでいた方がしあわせやったかもしれん」とバッキーは言うが、本当にその通りだと彼の漬けた、いいように漬かり過ぎの「どぼ漬け」を食ってそう思う。

ハゲ化する若者たち

イタリア風のアレンジ料理と、気が利いているワインが安いという、今風極まりない居酒屋で話が盛り上がる。それは「若い女性に人気の店」と「おじさんに人気の店」についてである。

その店は、音楽系のバーにいて独立した三〇代半ばのオーナー・マスターと、二〇代後半のイタリアンの腕利き料理人が今年に入って始めた店である。マスターは三〇代後半のイケてる感いっぱいの外科医師にも北新地のママさんといったウルサい客にも完璧に客商売するし、料理人は毎日中央卸売市場に通う真っ当真面目で和菓子職人のような風貌の男子である。

開店してからというもの『ミーツ』ほか女性情報誌にも取り上げられて、店はブレーク。とくに女性誌の地域特集の後、客はどっと増えた。「まだまだ週末だけですよ」とマスターは言うが、わたしは彼とは以前の店から一〇年以上の付き合いなので、そのツボを押さえた絶妙な接客は知っているし、和菓子職人風シェフの腕も確かでどんどん上り調子なのも時が経つにつれてわかる。

その日は「若い女性」でいっぱい、カウンター二席だけ空いていた。わたしはその夜、ちょっと彼に頼み事があって店に行ったのだが、ここで用事があったからとわざわざ書くくらい恥ずかしかったので、入るなり「わー、若い女性グルメで人気の店やね」とイケズをかました。

しかし女性の年齢や属性ほどわからないものはない。彼女らは学生なのかＯＬなのか近くのブティック店員なのか、果たしてどうか。だからそれを訊く。彼は「年、ようわかりませんねん」と答える。

周りをはばかる声だが「この頃の三〇くらいに見える女性の客が一番わかりませんねん。料理一皿ずつとワケわからんカクテル注文して二時間の二人組、デザートを注文してからパスタをいう客……。子どもか大人か、年なんかわかりませんわ」「それて、ほとんどカフェ遣いやんか」みたいな会話で、店側の彼らにしてみればナンボ居酒屋いうても、もうちょっと食べ方ちゅうもんがあるやろう、といささか不満げのようだ。「まあええですけど、そんなこと」と言いながら、今はどうもおじさんを含め男子の客に元気がないという話で落ち着く。

ちなみにカウンターを挟んでのこの座の男たちは「若い女性に人気の店」も好まないが「マダムに人気の店」はもっと合わない。わたしもどちらかというと「おじさん（おっさん）に人気の店」の方が好きで、この一〇年ほどこの雑誌でもそんな店を紹介し書きまくっていた。しかし何で飲食店についての表現で「若い女性に人気」という言い方がオッケーなのだろうか。ヴィトンやカルティエが「若い女性に人気」という言い方で表現されるのはまだしも、どうしていろんなものが「おっさんに人気」という言い方で表現され得ないのか。それはおかしいやないか、という話で盛り上がる。それでは「若い男性に人気」というのはどんな店なのか。

ワインバー。まさか。鮨屋。それも違うな。じゃあどこに？

結果はキャバクラである。そうかキャバクラか。

キャバクラはクラブやラウンジと似て非なるものである。どこが違うかというと、キャバクラではサービスが時間によってメニュー化されていて、カネを払えば等価交換にそれ相応のサービスが受けられるというのが基本システムだ。キャバクラにはママがいない。そしてそのサービスが六〇分いくらとか延長三〇分いくらとかで計量される。これは明朗会計であるが、「風俗」の基本でもある。

一方クラブやラウンジは、初めは先輩や上司など誰かに連れて行ってもらうのがスタンダードで、そこから店との付き合いが始まる。付き合いは人間関係そのものだから依怙贔屓にあふれる。客には「顔」があるし、店にとっていい客、そうでない客がそれとなくわかる。帰りがけに勘定を見せられて何がどうなってるのかわからなかったり、一体ここでの遊びはカネがすべてなのか、カネなんて目じゃない遊びなのかもわからない。キャバクラが「風俗」なのに対して、クラブやラウンジは「水商売」の最たるものだ。

キャバクラは、店内では誰もが同じように遊べることが基本で、何を飲んでどんなことをして遊べてそれがいくらなのかが明確である。そういう「システム」になっているからそれ以上はない。だから必然的に「店外」については店は関知しない、ということになる。

皆が口を揃えて言うには、キャバクラにハマる、というのは十中八九キャバクラ嬢に入れ込むということで、客はアフターとか店外デートとかが目的なのである。

「それは、ハゲやなあ。若いのに」とマスターが言って皆で大笑いする。ハゲというのは頭の部分が光ってるとか、バーコード状態であるとかの意味ではない。三〇代茶髪のハゲもいるだろうし、もちろん六〇代の堂々たる入道頭の人もいる。ハゲというのは北新地などの業界用語で、つまり着物や洋服やアクセサリーやはたまたクルマやマンションなど、何かと物要り（つまりカネがかかる）であるホステスやチーママとかを経済的に陰で支える人のことを指す。

「あのハゲ、ほんましつこいわあ」という言い方もあるし、「リョウコちゃんのハゲ、イケメン風やでぇ」みたいな使い方もする。「ハゲ」とはまったくひどい言い方だが、金品によって媒介される男女関係の疚しさや悲しさ痛さをなかなか絶妙に言い表している言葉である。クラブやラウンジで働く女性がキャバ嬢のことをあからさまに悪く言うのは「店外」のことで、客におねだりしたりスポンサー探しをすること自体を目的化してキャバクラで働いていることへの嫌悪感である。プロ意識はなかなか複雑だ。

夜が更けてきて客が少なくなったのと同時に酔いも回ってきて、それでは本式のクラブ・ラウンジにおける「ハゲ化する若者」の実態はどうかと議論が盛り上がる。こういうときは取材に限る。早速、店から北新地の知り合いのママにケータイを入れる。「元気？ 今、キャバクラとハゲの若年化について、話盛り上がってるんやけど」などとアホ極まりない話を聞こうとする。ママは「景気悪いし、『店ハゲ』は少なくなったなあ」と言う。「なにぃ？　『店ハゲ』て」と、ケータイに聞き耳を立てている周囲に分かるように言うと大爆笑。「ソレなんや？　ちゃんと教えて」とママに訊くと「今、ちょっと忙しいねんから。話聞きたかったら店においで」とママは言い、それをまた周囲に伝えると「行こ行こ、今からタクシーに乗って」と言い、「それやったらハゲ丸出しやないか」とか「そういうことするのが店ハゲちゃうんか」と言ってまたガハハと大笑い。ところでわたしも四〇後半を過ぎて確実に髪が薄くなってきている。

おっさんとケータイ

年末の忙しい時に、携帯電話が通話中に聞こえなくなったりするものだから、正月の三日に機種変更というやつをやった。

今使っているそれは、一三カ月以上経っているので、変更料金は安い。おまけにポイントが貯まっているとのことでタダである。わたしはメール以外はカメラも滅多に使わないので、機能ではなくデザイン優先で、まるでスニーカーを買う時のように選ぶ。

加えて典型的なイラチであるので、「アドレスをコピーしてもらって、すぐメールを使えるようにだけしといてください」とだけ言って一〇分少々でサラのケータイを持って帰る。

機能が充実しているそうだ。ムービーも撮影できるしFMも聴けるしナビもある（アホかと思うだけで、全然使う気はないけど）。それでもすごいすごい、と思ったのは「EZニュースフラッシュ」というヤツで、待ち受け画面にニュースや天気予報がテロップで流れるのだ。新幹線の車両の前後扉の上にある、あの「安倍首相は〜毎日新聞ニュース」というアレだ。

こういうサービスにはおっさん丸出しであるオレは、とてもうれしくなる。帰りのJR新快速が座れたので、早速四〇〇ページのマニュアルの目次を見て、そのページを拡げてシステム設定に取りかかる。マニュアルに従って、#311と押し、取りかかろうとするのだが、その前に「①待受画面」つまりバックの「壁紙」というヤツの設定をしなくてはならない。壁紙は愛娘はじめわが家の愛犬や松たかこのポートレートや、岸和田方面ではだんじりの彫物だったりするわけだが、そういう趣味はないので「お買いあげ時には、六種類の固定壁紙が用意されています」を「選択」する。「アナログ時計」とか「ウサギ型」とかいった中に「街」というのがあるので、『「街的」ということ』のオレは「これや!」と思い、迷わず選択する。

それからやっと②の「ニュースフラッシュ設定」に進み、「待受のテロップとウィンドウの表示位置を設定します」の指示通りにそれも設定完了して「出来た!」と喜ぶも、待受画面を見ると、「これは何のイラストや、全然街的でないやんけ」となってもう一度マニュアルの「索引」の「ま」から「待受画面」を引き、また戻る。

そうこうしているうちに「三ノ宮、三ノ宮です。市営地下鉄、阪急阪神線、新幹線新神戸方面は〜」というアナウンスがあったので、あわててマニュアルと箱を仕舞い、店で入れてくれた例の微妙な大きさの手さげ袋に入れなおし、電車を降りる。

家に帰ってメシとビールとワインと焼酎をやりながら、その「ニュースフラッシュ」を設定し「着信音」と「LEDランプ」だけを同じようにいじくり回しているだけで、すでに正月番組は終了している時間になっていた。

ケータイのこういういろんな「設定」は、何かにつけヤバイ側面がある。

ケータイは距離的な関係、あるいは時間までもをすっとばかす。

それをよく知っているのは、北新地のママやホステスである。コミュニケーションの天才である彼女たちは、電話のみならずメールを駆使して客を引っ張る。夕方六時過ぎになれば、その女性たちは、会社では普段、「社長」とか「専務」（部長も当然あり）とか呼ばれている人にもメールをがんがん送るそうだ。

客商売の彼女たちは、その宛先の人がどういう人か当然わかっている。

なぜなら、「○△常務、お願いします」と電話をかけると、必ず本人が出ないで「失礼ですけど、そちらさまは？」と聞かれて、「北新地のクラブ○×の知香ですぅ」と言うのを一旦ためらって「山田知香と申します」と源氏名にその時に思いついた苗字をかぶせて、しばらくして「今、会議中です」とか「外出していますが、ご伝言は」と返されることをしばしば経験しているからだ。

もちろん会社に行って直接会って「今日、お店に遊びに来てください、ねっ、ね」とはいかないのがこの世の中であり社会というものだ、というのは熟知している。

コミュニケーションというのは、まずそれを立ち上げるためのコミュニケーションが成立してから、その後で有意なメッセージが乗っかってくる。コミュニケーションにおいては、起源的にはコンテンツよりもコンタクトの方が一次的な出来事である（マクルーハン）、という例のやつだ。

ケータイはそれをすっとばかす。

彼女たちには、電話が受信されたらダイレクトに「もしもし」といって、「あー、いまちょっと……」とならずに「はいはい」と返ってくれれば、あとは「こっちのものだ」からだ。だから、夜残業中にでも、その店で飲んでいる友人のケータイを強引にひったくって電話をかけてくる。

着信表示を見て、「○×か、何だろう」と思って取ると「こー、さん。何してるン、今、○×さん来てくれてるよ」となる。「ええ加減にせいよ、こっちは仕事中やぞ」であるが、そうはいえないのがおっさんたる所以だ。これは取る方が悪い。

もっともヤバイのはメールである。

メールの文字は、テレポートする。メールはわたしとあなたが接するのは送信ボタンをクリックした、その一瞬だけだ。会って話をするのはもとより、電話は未だ人の時間を割くから、電話よりメールのほうがしやすい。相手の都合を気にしなくてすむ。メールには実は相手なんていないというか、会って話をしたり電話をしたり、したときにそこにいたような人はいない。

そしてメールを開くというのは、すでにその言葉を受け取る準備がある、あなたのメッセージをわたしは読みます、という回路がすでに開いている状態だ。それは距離も状況的な時間もすっとばかして、一次的なコンタクトをいともたやすく乗り越える。

いきなり「こないだのお話の続き、ぜひ今日聞きたいです（*^o^*)」とか、「年末もあとわずかになりました。年内にお顔を見たいですぅ（'ー*）/」などと送ると、おっさんは「うーん、かわいいヤツめ、よっしゃよっしゃ」となる。

おっさんはそれがわからないからおっさんたる所以で、ひとりでどんどん行ってしまう。口を半開きにしてぶっとい指で、メールを返信したりもする。そして「うれしいです♥」と即、返信されると、おっさんはさらにひとりで十分盛り上がってしまって、正真正銘のおっさんになるしかない。

ケータイは中高生のみならず、おっさんにとってもヤバイ。

阪急百貨店メンズ館と豚モダン

朝日新聞から「阪急百貨店メンズ館」のオープンについてインタビュー取材のオファーがあった。「大阪のメンズファッションと阪急百貨店メンズ館」に関してだ。「あのナビオのとこねえ」と思い、「オープンしたら、すぐ見に行きます」と伝えたら、今度は『ミーツ』からこのコラムで「メンズ館について書いてみないか」と連絡があった。朝日と『ミーツ』というのが何だかエエかっこである。

『ミーツ』を編集していた頃からそうだが、わたしはメディア関係者ばかりがゲストのレセプションとかはおもろないと思っているので、オープンの前々日に行われている内覧会には行かなかった。

メンズ館に行ったのは二月一日。オープンの当日、午後七時前である。ラジオ関西の番組『ラジオの街で逢いましょう』の収録を終え、「これからメンズ館に行きまっさ」とオフィスに連絡を入れると、社長の中島は「ものすごい人やで。覚悟して行かんとあかん」と言う。そらそうやろけどしゃあないやないか、と思いながらナビオに着くと意外にも人が少なくて拍子抜けした。

一階案内所でオープニングのB４判一二ページのパンフレットとフロアガイドをもらう。

その前に、『ミーツ』のファッション担当である藤本くんがメールで内覧会の感想を送ってくれていた。そこには「編集型フロア」であること、「スタイリストの野口強氏プロデュースのコーナーがあって、本人にインタビューした」こと、実感としては「なかなか捉えどころが難しいンですわ」と書いてあって、わたしは「へえ」と思っていたが、おお一階にルイ・ヴィトンもブルガリもある。まるで女もんのフロアやないかと思いつつも、マーク・ジェイコブスのルイ・ヴィトンはちょっと好きなのでトキメキながら入ると、ネクタイが目に入った。絶妙な薄い空色地のレジメンタルである。ええなあ、買おうかと思って剣の裏を見ると値札がない。誠にイケズである。しかし、わたしはおっさんであるから怯まない。「あのお、これいくらですか?」と女性店員に訊くと「二万××円です」と言われた。こらちょっと手が出ん。次にブルガリに行く。ブルガリの時計とかアクセとかは全然だめなタチなので、ネクタイでも……と見るとそれも「二万××円」と書いていた。

ああそういうことか、といきなり納得した。

フロアガイドには一階は「『本物』『上質』をテーマに世界の一流品を集めた洋品雑貨のフロア」と書いてある。地下一階は「洗練された大人のトレンドカジュアルとオトコの美を提案する……」でポール・スミスやバーバリーのブラックレーベル、Jクルー、ckカルバン・クライン、タケオキクチなど。二階は「世界の最先端ファッションを極める……」でグッチ、ジル・サンダー、プラダ、コム・デ・ギャルソン、ディオール・オム……でここに野口氏のセレクトコーナーがある。三階は「世界の正統派ファッションを極める……」で日本初のトム・フォード、アルマーニにキートン、アルニスなどもある。四階「時代に左右されないオトコの基本ワードローブを提案する……」はポール・スチュアート、Ｊプレス、ダーバン、アクアスキュータムなど、五階「エキサイティングなファッションを発信する……」でコムサメン、メルローズ、ニコルクラブ……である。

インデックスのコピーにある「本物上質」や「世界の最先端」「正統派」などに意味はあるのか。そうだとしたらそのコピーがあまりにベタでダサくて広告的でない。あるのはその日、阪急電車の車内吊り広告のコピーにあった「インターナショナルブランドが嵐のごとく　世界一をめざす品ぞろえ」である。

オープニングパンフレットの最終ページ「ブランドインデックス」を見ると、そのブランド数を勘定するのも億劫になるほどの総数は、これを「編集型のフロア」と呼ぶのかどうか知らないが、完全に「ファッションブランドの情報アーカイヴ化」であり、そのコンテンツを整序させるインデックスはほとんどフロアごとの「価格のグラデーション」でしかない。ジル・サンダーの隣がドルチェ＆ガッバーナでその隣がランバンという並びから受け取れるように、各ブランドの世界観やテイストといったものは二の次である。

客層は本当にさまざまで、髭にちょんまげ黒スーツの懐かしファッションおやじから台襟の高い広告代理店メンズ、子連れヤンキー夫婦、ぶっといジーパンにトレーナーのフリーター風まで何でもござれで、トム・フォードのスーツもベルルッティの靴もそれに応じた対価さえ払えば誰でも「アクセス可能」である。

この「情報アーカイヴ」への「アクセス可能性」こそが、こういった「百貨店」というものの本質である。「伊勢丹メンズ館の大成功」を大阪へ、そして東京のファッション界のプチ有名人としてのスタイリストを使ってどないかしたれ、という商売上の志向性はわからないこともないが、ＪＲ大阪駅前のヨドバシカメラに行ってその帰りに阪急百貨店メンズ館へといった感覚は、ワンボックスカーで警備員の指示に従って駐車場に入る郊外のショッピングモール的感覚であり、そこには「大阪が、キタが」あるいは「今のファッションは」という問いは立てようがない。

実際、藤本くんは野口氏のインタビューで「これができることで大阪のシーンがどう変化すべく期待しますか」と聞くと「大阪とか東京とかＮＹとか、そんなことに興味はない。それぞれがそれぞれの使い方をすればいいでしょう」と断じたらしい。そういう質問よりも「昨日は北新地に行ったそうですが、ドコで飲んでたんですか？」とかそんな話なら良かったのだろう。だからわたしも野口氏によるセレクトコーナー「クアドロフェニア」には何の興味もないのである。

心斎橋筋でも天神橋筋でも道具屋筋でもわたしは商店街をぶらつくのが好きで、百貨店はデパ地下以外は、披露宴に行くのにカフスが見あたらないとか葬式の時にネクタイがないとかで行くことが多く、その時についでに鞄や定期入れを見て衝動買いしたりすることがあるが、この阪急百貨店メンズ館はそういうようにはできていないようだ。

その後、午後八時半から淀川区のまち活性化事業のオブザーバーとして三国商店街のワークショップに呼ばれていたので、阪急宝塚線の普通に乗って梅田から三駅の三国に行く。商店街を歩いているとちょっと入った路地にうまそうなお好み焼き屋がある。三〇分くらい時間があるので一人で入ると客は八分入りで、おやじが鉄板で豚玉とゲソとめざしも一緒に焼いていて、ステンレスのおでんの鍋もある。

豚モダンと、思わず厚揚げと大根を注文した。うまい。むちゃくちゃうまい。何だか阪急沿線三国の住人になったような気がして、モダン焼きが焼けるまでの間、メンズ館のパンフを取り出す。

一ページ目には「ラグジュアリーブランドのメンズオンリーショップが、嵐のごとく！　一階には、『ティファニー』『ルイ・ヴィトン』『ブルガリ』と、次の見開きには「スタイリスト野口強氏とのコラボで二つの新セレクトショップが誕生」と長い見出しがある。

今日の阪急沿線は、ちょっと複雑である。

第3章

街をビジネスモデルで語れるか！

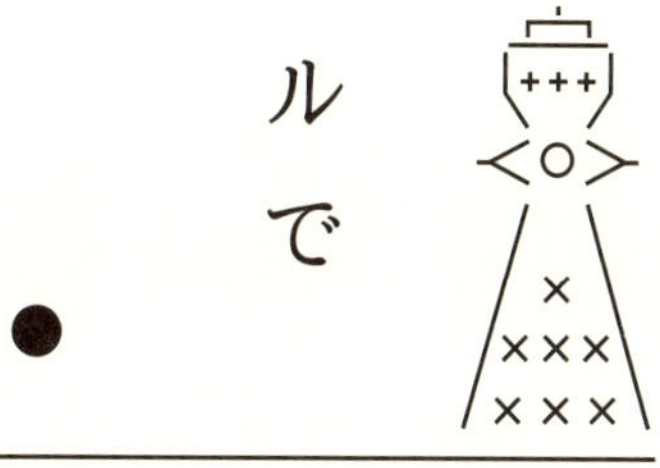

日限萬里子さんのこと

人よんでミナミの「ママ」。アメリカ村の生みの親、そして「ミュゼ大阪」で堀江の九〇年代以降の「新しい街」としての性格を決定づけた張本人。

一口にアメリカ村、そして堀江と書いたが、意外ではあるが、日限《ひぎり》さん自身はそんなに店をつくっていない。六九年「ループ」、七七年「パームス」、八八年「ライフ」、九一年「QOO」そして九八年の「ミュゼ大阪」と驚くほど少ない。けれども西梅田にハービス・エントが出来たとか、有名シェフ誰それの店が大阪にやってくるとか、空間設計デザインが誰で、家具がナニで、音楽はどこそこのプロデュースといったものに眉ひとつ動かさない連中も、日限ママが何かしそうだという話には「次は何を」となるのが凄いところだった。

この人の店はいつもそうだが、店そのものが日限萬里子そのものだった。そしてその晩年の数年は、それこそ入退院の繰り返しとその間の店舗プロデュースの連続で、鬼気迫るものがあったと記憶する。

日限萬里子さんが亡くなる数日前の昨年三月九日のことである。

出社途中ＪＲの新快速に乗っていると携帯が入り、発信者を見ると「日限」という表記だった。

日限さんからは二月の半ばに、引っ越しをしたい、都市機構のなんば湊町の新マンションに入居できないか、という相談があり、以前、都市機構の「湊町・ミナミ・大阪への想いbyミナミスタイル研究会」というシンポジウムを構成したモナト久美子さんにそれを伝え、とりあえずお住まい近くの北堀江のロイヤルホストで待ち合わせした。

この新なにわ筋沿いにあるロイヤルホストは、元ブルータス誌の佐藤朗さんと〇二年暮れに編集した『日限萬里子と大阪ミナミの30年』というミーツ別冊の巻頭の「日限萬里子50店」のトップに登場する店だ。

まずは、ミナミで生まれ、育ち、ミナミをつくってきた、まさにミナミそのものの日限さんの日常を店、ひいてはミナミという街の関係性から引っ張っていこう、という趣旨だったが、いま思っても一軒目の店に近所のファミレスをもってきたところが本当に彼女らしい。

日限さんは約束の四時きっかりに杖をついて来られた。頭に目深にニットキャップをかぶっているのは抗ガン剤の影響のためだろう。

「江くん、ここのなあクラブサンドはおいしいねん、注文しいな」と勧めるので、それを頼んだが、日限さんは「悪いけどアップルジュース、取ってきてくれへん」とベンダーのセルフサービスを私が取りにいき、それしか飲まなかった。ものを食べられないらしい。

彼女は「湊町は便利やで。あんたもなあ、やっぱりミナミに住まなあかん。隣に住みいな」と苦しそうに喋る。私は「ほな隣と違て、一緒に住みますか。どちらも独りもんやし」とか冗談をかましてたが、タクシーにやっとこさ乗って、都市機構のオフィスのある森ノ宮にモナトさんと待ち合わせに行く途中、ちょっとこれはしんどいな、と正直思った。

けれどもその明くる日は、NHKテレビの生放送『4時です 上方倶楽部』に出られていた。声はいつもと違って、痛々しいほど弱々しかったが、「何でアメリカ村という名前なんですか」とのキャスターの質問には「村って、わたしは街の子やからそんなん絶対付けません、誰かが付けたんでしょ」と例の調子であはははっ、と笑って答えていて、私は当時の販売部長の中島と一緒に、会議室でそれを観ていたのだが「日限さんは、やっぱり最高やなあ」とつられて笑っていた。

番組が終わって数分後に「日限さん、お疲れさんです。ようがんばりましたな。あれ、アメリカ村の命名の件、おもろかったですわ」と携帯を入れると「そやろ、江くん。あほでもぶっさいくな顔でもええけど、いなかもんだけはあかんねん」と言って大笑いしていた。

テレビとその笑い声だけが、以前の日限萬里子さんの声だった。

午前一一時前の新快速のなかで、その湊町のマンションの件かなあ、まあ車内はガラガラだしええか、と思って携帯に出ると、彼女の携帯から聞こえる声は、弟さんの満彦さんである。

内容は「医者によると、もうちょっと、二〜三日かもしれない」ということで、しきりに「江くん、江くんと言うてる」、私を呼んでほしいということだったので、編集部にそれを伝えて、大阪駅から中之島の住友病院に直行した。

九階に上がり相部屋の病室に行くと、日限さんはモルヒネが効いているのか寝ていたが、「日限さん、どないしたん」といったら目を覚まして「江くん、ちょっと起こしてくれるか」といったので、そばで看病していた年老いたお母さんと一緒に、よっこらしょと背中を抱えて上半身を起こした。

「ちょっとなあ、痛いねん。もうちょっと生きなあかんねんけどなあ」と訴える。

「なにを眠たいことというてますねん、日限さん。癌のデパートみたいに今までいろいろやってきましたやん、またすぐようなりますわ」と私は言ったが、満彦さんに廊下に呼び出されて、これはやっぱりしんどいなと思った。

満彦さんは男泣きしながら「あんたやから言うけどなあ、姉ちゃんはほんまにお金のことに無頓着で、ちゃんと葬式あげられるかの金もおまへんねん」とか言うから、私は号泣してしまって、ちょっと病室に戻れない状態で「なにゆうてますねん、後のことはそうなってからですやん。しょうもないこと言うたらあきませんやん」と言って、便所で顔を洗って鏡で確認して病室に戻った。

日限さんは穏やかな顔で「的場ちゃんはどうしてるねん」と訊く。「的場ちゃん」というのは街の大先輩の的場光雄さんのことである。日限さんと的場さんは、ミナミという「場」においての幼なじみみたいな関係で、彼はミーツで九〇年代半ばに『ラストオーダーが微笑むように』というコラムを連載していて、それが『道化《アホ》の求道』（新風舎）という単行本になっている。

「的場さんですか。実は先月、家におじゃまして、昼から終電まで飲んでましたんや。なんか［サンボア］の七〇周年、一緒に行けへんかぁ？　言うてましたし、どうしょうと思てますねん」

「バーもなあ、七〇年やったら店の通り道みたいなのがしゅーっとできてるから、やっぱり気持ちええわなあ」

そんな彼女らしいといえば彼女らしい、訳がわからないけれどニュアンスに富んだ会話が、日限萬里子さんとの最後の会話になってしまった。

満彦さんが丁寧に病院の出口まで送ってくれて、外に出て的場さんに電話する。的場さんもすぐ駆けつけるとのことで、その後電話がある。

「足、さすってやったらようやく気が付く状態で、いてられへん。スイートピーおいて、五分で帰ってきた」と涙声で彼は言った。

亡くなる当日の一四日、九時半に満彦さんから携帯が入った。

「もうあきませんねん。何とかがんばってるんやけど」とのことだったが、神戸にいた私はどうすることもできなかった。

それから数時間後、編集部に着くやいなや私は満彦さんから彼女の死を知らされ、『ミーツ』のバックナンバーを繰って、日限萬里子さんの遺影の写真を選んでいた。

＊

七〇年代初頭から八〇年代にかけて新しい街として分節され、もはや中高の修学旅行生でも賑わう街になった大阪ミナミの「アメリカ村」。心斎橋筋、宗右衛門町、さらに千日前といった、かつてのミナミと完全に一線を画す若者風俗─文化軸を持つこの街は、一九六九年、地元・三津寺出身の日限萬里子さんがそれまでほとんど「何もなかった」三角公園前に「自分たちが行きたい店がないから、つくった」。それが「ループ」という小さなカフェで、「何でこんなところに」と皆は驚いたそうだが、アメリカ村の全てはこの店から始まった。

アメリカ村は、ミナミの中心部として一番賑わっていた心斎橋筋、そして大阪の中心地を南北に貫く道幅四〇メートルという広い御堂筋をさらに西に越えた「近くて遠い」エリアであった。この昭和一二年に完成した御堂筋は、江戸時代からの東西軸が中心の町割である大阪を完全に分断し、新たな南北軸に沿った街を造り上げるようになった。

けれどもアメリカ村が出来て、心斎橋周辺のミナミは初めて御堂筋を西に越えた。この新しい街の誕生でミナミそれ自体が増殖するように、ミナミという街そのものを拡げたというわけだ。また依然として「ネクストな街」なポテンシャルをもつ「堀江」は、アメリカ村からさらに四つ橋筋を西に渡ったところに位置する。住所表記を見るとそこは中央区ではなく、もう西区である。

堀江はここ数年、東京資本のブティックが並ぶようになった立花通（元々旧い家具屋が並ぶ専門商店街だった）を除いて、今も公園が点在する住宅地であり、デザインや設計関係のオフィスが多い。そんな「人の住む街」としての気配がこの界隈の魅力でもあり、そこに照準した日限さんが、堀江公園の真ん前に九八年、空間デザイナー・間宮吉彦氏設計による「ミュゼ大阪」をオープンさせたことで、新しい街としての形成を決定づけた。その頃、彼女はもう五〇代半ばを超えていた。

私はこの仕事を通じて、企業家とか都市プロデューサーとかではない彼ら「ミナミの街人」の足跡をさぐり直すことで「街とは何か」を考え続けてきた。そして日限さんが店を出し、それが新しい街としての種子となり、事後的に新たな街として分節されたアメリカ村、堀江、また南船場において、次の点がとても街的に大切な観点だと思う。

それは行政による再開発や駅ターミナル造成、はたまたショッピングモールやファッションビルなどが建って、それが契機となって出来た類の街とは全く違った「仕方」で出来てきた、という点だ。つまり「資本による街づくり」とは全くといっていいほど無縁である、ということでもあり、ディベロッパーだとか、都市計画を仕事にしている人や街づくりのプロデューサーが、動線計画をしランドマークをつくり……で「こしらえた街」では決してないのである。誰かに何かの目的によってつくられることを街自体が拒むように構造化されているかのような動きが、アメリカ村以降の大阪ミナミのダイナミズムである。

そんな新しい「街ができる」直接のきっかけとなるそのパターンはいつもそうだが、とてもシンプルである。

「何かやろう」という人が何の前触れもなく出てきて、「自分でつくった店」を出し、そこで「自分の好きなもの」をつくったり見つけてきたりして、「自分で流行らせる」。その場合、ロケーションは大体、街の中心部ではないマージナル（周縁的）なところ。比較的家賃が安くてかつ「近い」ところが選ばれる。その「何かやろう」の人は、あらかじめ人の集まるところに店を出し、売れる（売れそうな）ものを置くのではない。だから流行中のアイテムやブランドのタグがある前に、まず「何かやる」人がいる。店に並んでいる服やグッズなどの前に、必ずそれをつくったり打ち出したり選んだりする「人の顔」が見えるのである。

とくに日限さんたちがやってきた飲食店やクラブの場合、一杯のコーヒーや一皿の料理に乗っかる値打ちや愉しさみたいなもの、つまり付加価値や象徴価値といったものは、その店のオーナーやマスターの顔そのものだといえる。

それは「スキル」とか「こだわり」という簡単な言葉ではくくれない。それは「感性でやってしまう」みたいな強度の次元であり、個性やオリジナリティーといった要素に、感覚的な「ハヤさ」、つまり時代感覚の時間軸がプラスされている。それら一連の何か——資金とか計画とかマーケティングとか企画書ではない——が、店舗デザインや商品、スタッフ、接客その他もろもろにダイレクトに表れ、オーナーや店主、クリエイターといった、ナマ身の人を通じて、われわれにコミュニケーションの水準で入ってくる。

来店数がどれだけで、客単価がいくらで、坪当たり何円の売り上げで、という経済軸の要素と対極にある現象。やりたい人が、やりたい時、つまり現時点で、何をやらかそうとしているのか。それを目の当たりにして、取材し考え書いていくのがわれわれの仕事にとって一番の魅力であるが、その際、最も重要なのは、いい店かそうでないかの「店のリアリティ」というものは、その「人レベル」の人柄やセンス、熱い思いや泣き笑い、愛、ノリ……といったもの、つまり表現が積分されて店が成り立っているということだ。そういう意味で街の店づくりというのは、資本、労働、土地といった審級ではかれるものではなく、むしろ文学やアートに近いのかもしれない。

時代感覚というのは面白いもので、誰かが今までとは違う何かを表現すると、必ず同じ時に同じ言語のようなものを持った人がそのコンテクスト（文脈）をとらえる。

彼らはその店の客になったり、あるいはカンパニー（仲間）の一員になったり、「それならオレも」ということで、すぐ隣に店を出したりする。一つの店の点から、向こう三軒両隣つまり線＝通りへ。またその運動性は、違うジャンルの店舗（その店がブティックならカフェといったように）であったりすることが多く、こうなると界隈の体をなしてくる。こういった動きがそのコアを中心とする同心円の周囲で同時多発になると、エリア（面）になる。またストリートがたてよこ重層的に交差し、この面が一層稠密になってくると、もはや街だ。

「街にはあらかじめ名前があり、そこにその街がある」というのはほとんどの場合逆で、新しい街としての動きがあるエリアは必ず新たな名前がつけられるのであるが、その名前が固定化されて初めてその街が分節され、その街の性格的な輪郭がはっきりしてくる。

つまり「アメリカ村」と新しく命名され固定化されて初めて事後的に、それが実際に「どこ」であるか、「どんな街」であるかなどが、手に取れるかたち、目に見える色で立ち上がってくる。

点である一つの店がきっかけで、ストリートになり、「街になる」ということは、ファッションやインテリアのショップに始まる物販から、カフェやレストランといった飲食といったように多種目にわたる店舗が次々にブレンドされるということであるが、その街のテイストのようなものが流行軸で差異化され続ける限り、まだまだその街は発展―増殖する。

当たり前のことだが、新しい街が分節され、メディアなどで流通し、流行軸で広く知られてくると（＝街のブランド化）、商品をその街の記号で売ろう、場所で数字を叩いてやろう、という常套手段の商売人がやってくる。

そして「企業レベル」でその街で「何かやる」ことが商売になると認識されると、マーケティングを駆使して、大資本が最後にやってきて臨界点を越える。

最もわかりやすい例でいえば、アメリカ村南中学跡地を再開発した大規模商業施設のビッグステップ。さらに、南船場でいえばルイ・ヴィトンやジョルジオ・アルマーニといった大ブランドのブティック。堀江なら一連の東京ハイファッション系ブティック。

ことミナミの街場の場合、私は例外を知らないのだが、大は小のいつも後をついてくる。このところが、最も大阪的な街といわれるミナミの、最も痛快なところだ。

日限萬里子さんについて、もう一〇年くらい前の「ミーツ」のインタビューを読み直していると、「『パイオニアっていい言葉じゃないのよ。歩兵と一緒で、荒れ地の真ん中を進んで真っ先に撃たれる役目』と笑うが、百戦錬磨という印象は全くない」というのがあった。

本当にその通りだと彼女は身を以て証明してくれた。

ほっといてくれよ「まちづくり」

たて続けに「街」関係のパネルディスカッションと座談会に呼ばれる。ひとつは「大阪都心の魅力再生シンポジウム――これからの船場・御堂筋――」で、大阪市がらみのもの。その模様は三月三一日付の毎日新聞夕刊に一ページにわたって掲載された。もう一つは『ミーツ』で、今年一〇周年を迎える「カフェ・ガーブ」と「南船場」という街についてである。これはこの号に掲載されている。

所謂「まち」あるいは「まちづくり」についての話は、そのスタンスが経済軸からのものであるのと、そうでないのではぜんぜん違った内容になってくる。すなわち街を「消費の場」および「ビジネスの場」としてとらえるのか、あるいは「生活の場」や「遊びの場」として見るのかの違いである。

このところの過剰に進んだ消費社会のしんどさ鬱陶しさは、その人の消費のありようがその人がどんな人間であるかを決定するようなところにある。どんなところのどんな家に住み、どんなクルマに乗って、どんな服を着て、どんな店で何を飲み食いし何を買う……という消費活動がその人となりを物語る。もちろんその消費活動はお金によって支えられているので、お金をいかに上手く稼ぐのかも絡んでくる。

こういった傾向は「まちづくり」においてもそうで、経済軸側は、ふんだんにカネを持った人がばりばり消費をするような店舗を計画し、それを加速させ、じゃんじゃん儲かるような場をつくることが「まちの活性化」や「都市ブランド確立」であり、そのための「仕掛けづくり」が話の中身である。こういうスタンスでの話は結局、「月坪いくら売り上げることが可能か」というところに帰着する。どれだけ高い家賃を払ってくれる人がいて、そこでどれだけ高利益をもたらすか。

そういうところでは「生活」そのものが「消費」と「経済活動」だけになってしまう。そこでは、人は消費と金儲けにどれだけ長けるかが自己実現や自己表現であり、その二つの能力によって人や社会関係を評価する。

わたしはそういう場をつくることが「まちづくり」であるとは思わないし、第一あんまりおもろいことでもないと思っている。現にみなさんが大阪の事例として言及するところの七〇年代から自然発生的に形成されたミナミのアメリカ村や南船場は、行政やデベロッパーやターミナル再開発といった経済軸による商業施設で成り立ってきた街ではありません、ということをパネルディスカッションで真面目に話す。それは要するに、街は数字をエクセルに入力したり電卓を叩く経済軸だけで出来るものではなく、むしろ誰かにビジネス的な目的でつくられることを拒むように構造化されているのでは、という話でもある。フィレンツェではボローニャでは、といった「先行事例」はそこの商売事情であり、こと街の場合は通用しない。なぜならアメ村にしろ南船場、堀江にしろ、街というのはそれぞれ全く違ったOSで出来てきたから「その街」なのであって、ビジネスモデルとかとは違う。

こういう話は人や時間とともに街で過ごし、身体でわかっていただけないと、ちょっとつらい話でもある。

『ミーツ』の座談会では、久しぶりにバルニバービの佐藤裕久さんと「赤いアーティスト」浜崎健さんと南船場の「カフェ・ガーブ」で話す。一〇年の年月を経た「ガーブ」は、開店当初からの三階建ての大バコであって独特の「木の床、ペンキ塗り」感覚に、確かな時間がのっかっているような貫禄が加わっている。なので、手造り感覚の店づくりにおいて、手造り感を出すことを目的化した手造りはやっぱりダメだ、みたいなことから話に入る。

何回聞いても面白いのは、九五年に佐藤さんが南船場でブラッセリーカフェ「アマーク・ド・パラディ」をつくった頃の話だ。その時、佐藤さんはアパレル会社のトラブルで借金を背負った上に、やっと仲間と神戸で流行らせた団子屋も阪神大震災で失った。「神様というのは人にこんな試練を与えるのか」と思ったそうだ。

そして後に「アマーク」となる店の前をたまたま自転車で走っていると、その向かいでいち早く「浜崎健立現代美術館」を開いていた浜崎さんに会う。「佐藤さん、この建物、昨日空いたみたいです。ええ感じでしょ」と彼は言った。佐藤さんはその材木倉庫跡の外観にピンときて、その二日後にこの建物でやろうと決める。しかし契約しようにも敷金が数万円足りない。それを何とかして店をやろうとするのだが、スタッフはおろか、もう金はない。とりあえずペンキ塗りからや、と思ってやり始めるのだが、それが面白くなって「誰か手伝う人いませんか」とポスターをつくって店の真ん前にぶら下げる。

そのポスターにはイメージ写真と「考えていること」がつらつらと書いてあり、「◆交通費なし!! ◆給料なし!! 一時間につき千円分の食事券プレゼント 手袋支給シャワーなし」と大書されている。そこから開店までは五カ月かかり、衝立やイスには拾ってきたものが混じった。本当に漫画みたいな話である。

佐藤さんの会社はその後、丸の内や東京タワーの真下、同志社大学内などに約二〇軒の店舗を持つまでに大きくなったが、これが全ての始まりである。

わたしはこの座談会の現場である「カフェ・ガーブ」がオープンしたての時に、〝ミナミのママ〟日限萬里子さんから「料理がおいしくない」とか「出てくるのが遅い」とか「オペレーションがなってない」とかむちゃくちゃ言われているのを聞いていたし、材木店の家主が佐藤さんのやることをものすごく面白がってくれていて、一〇年以上も家賃据え置きで、数年前に売り上げが激減した時でも出なくて済んだ、東京ではこういうことは絶対ない、といった話も幾度か聞いた。

アメリカ村の日限さんも南船場の佐藤さんもそうだったが、「自分たちが行きたい店、やりたい店をつくる」として、それでやってきた人は、「店をやる」ことをビジネスや企業ベースのベクトルであまり考えなかったのではないか。実際には「経営」とかそれ以前のこと、すなわち「いま―ここ」の街で生きていくため、つまり「食べていくため」の商売があるだけで、身体レベルの泣いたり笑ったりの街の「生活」そのものだったと思う。それはMBA的経営やマーケティングとは決定的に遠い話である。何かやろうとする人がいきなり出てきて、思いとセンス一発でやってしまう。このお二人も浜崎健さんもエヴィスの山根英彦さんにしても確かにそうであった。

このところ南船場は地価が下がってきた、とかつての「南船場の陰の不動産屋」浜崎さんは言い、そうなると「また面白くなる」とのことである。

安くて旨くておもろくてカッコいい店が多い街は良い街である。これは誰にも疑いのない事実だと思うのだが、「大阪都心の魅力再生」はどうだろうか。

道頓堀が泣いている

産経新聞が道頓堀の現状を何回かに分けてレポートしている。七月に閉店した［くいだおれ］に続き、シンボル的な日本料理店［平田屋］の閉店、角座や道頓堀東映跡地がそのまま放置されていること、そして［道頓堀極楽商店街］が来年三月に閉鎖することをスクープしている。その紙面は大阪一の観光地が「シャッター通り」になりつつある、というショッキングな文字が躍っている。

わたしが道頓堀が「ちょっと違うな」と思ったのは、この［極楽商店街］のオープンであった。○四年七月に浪花座跡地にオープンした大規模エンタテインメント系ビル［サミー戎プラザ］の五〜七階が［極楽商店街］である。入場料が三一五円のこの大規模なフード・テーマパーク的商業施設には、たこ焼きや串カツ、ホルモンといったアイテムの店が揃っていた。それも生野の［オモニ］（お好み焼き）、［梅田はがくれ］（うどん）、鶴橋の［大倉］（焼肉）、新世界の［だるま］（串カツ）といった、とても大阪な——としかいいようのない——地元の店が「テナント」として入っていたし、神戸新開地の洋食［グリル一平］や岸和田のかしみん焼き［泉州屋］（この店は実際には岸和田になくこの企画のための新店だった）もあって、ちょっとびっくりした。その驚きは『ミーツ』が何年もかけて取材してきた広い大阪二四区中の単店を「ここまでよう集めたな」ということだったが、「こういうテーマパークは果たしてアリなのか」という疑問があった。テーマパークに関してはUSJであれラーメン博物館であれ全く興味がなかったし誌面に取り上げることもなかったが、このオープンについては「ある種の商売に関しての違和感」みたいなものがあった。

そういう矢先に、日限萬里子さんから連絡がある。その頃、日限さんは癌で入退院を繰り返していたので、どうされたのだろうと思ったが、「江クン、テレビでやってたんやけどあっこどない思う？わたしちょっと井上くんに言いたいことがあるんやけど。昔からの「はり重」さんや「今井」さん、どう思てはるんかも聞きたいし」という電話だった。

ミナミの最重要人物である日限さんの「あっこ」という言葉にわたしはピンときた。このオファーは何としてでもやりたい。ちょうど特集が「新しい街、がんばり中。」ということもあってその号に合わせて座談会を開いた。メンバーは「言い出しっぺ」の日限さん、うどんの老舗「道頓堀今井」の元専務取締役で隠居生活に入っておられた今井徳三さん、御堂筋道頓堀角の精肉&洋食すき焼き店「はり重」代表取締役の藤本稔さん。日限さんが「聞きたい」お二人に加え、「くいだおれ不動産」常務取締役の柿木央久さんにもお声がけをした。そしてこの「極楽商店街」を企画・開発・運営した商業プロデューサーの井上盛夫さんである。「言いたいことがあるんやけど」という日限さんの伝言とメンバーを聞いた井上さんは「それなら出ないわけにはいかない。何を言われてもエエですよ」だった。このあたりがこの人の良いところである。構成はミナミを知りつくす堀埜浩二くんにお願いした。

当日、座談会のメンバーは日限さんの姿を見て驚いた。彼女は抗ガン剤のせいだろうか帽子を耳まで目深に被り、ひどくむくませた顔を大きなメガネで隠すようにし、杖をついてやってきた。声こそ元気であったが、病院から抜け出てきて座っているのがやっとという感じで、座談会途中で「ほな、大体言いたいこと喋ったから、わたしは失礼しますわな」と病院に戻るのだが、その時に彼女は両側から支えてもらわないと歩けない状態だった。

そういう鬼気迫る日限さんの発言を要約すると、街とは昔からの畑のようなものであり、そこに違う種を蒔いても絶対に上手く育たない。畑としての道頓堀を顧みず、一過性のものを作ることはどういうことなのか。わたしはナンボ絵が上手いからといって、道頓堀とか旧くからお商売してはるところに、いきなりこんなワーッとしたものは作らない。街はみんなで共存共栄していくものであって、大資本バックに全部さらっていくようなことは、行儀悪いで井上くん、ということであった。

井上さんにはそういう意識はない。むしろいまUSJが出来て年間一億人くらいの観光客がいる。その六割が道頓堀に来てるというデータがあるが、ここに来て何をするわけでもなく、グリコの看板前で写真を撮って満足して帰って行く。道頓堀川の遊歩道整備などに加え、大阪の良さを感じられる施設を作り、地元にもっとお金を落とすように誘導したい、と答えている。それは多数の地元・大阪の（といっても広い範囲だが）店を誘致したことからもわかるし、「テーマパークを作るのだったらこんな面倒くさいことをしていない」と述べた。

今井さんは唯一、道頓堀の戦前〜戦後を知っている方で、芝居小屋の大阪風情から「くいだおれ」「かに道楽」、吉本的なものへ、その変遷で道頓堀に「粋さ」が喪失してしまったと言う。「そんなもんは本来の大阪とは違います」と。今井さんより一世代下の藤本さんは、それでもまだ子どもの頃は新喜劇、新国劇、歌舞伎とか芝居小屋の幟が目立っていた。それが昭和四〇年代からちょっとずつ変わっていったと述べる。柿木さんは先代から伝え聞く人形に象徴される「くいだおれ」の黎明期の苦労を述べ、もともとの道頓堀川から南のマージナルな土地柄を分析した。

今、その座談会から四年経って、この九ページにわたる誌面を読み直しているのだが、産経新聞が書いている通りの現在の状態に加え、その「極楽商店街」と同時期に出来た対岸にあるドン・キホーテ前の観覧車も、すでにこの夏から停止中で再開のメドは立たないとのことだ。

わたしは「今井」「はり重」のような老舗の単店はもちろん、「かに道楽」や「大たこ」にしろ、「どうしてここに、この店があるのか」ということの明確さが道頓堀という何ものでもない街をつくっているのだと考えている。逆の意味で郊外の駅前やロードサイドにある大規模なショッピングモール付きのスーパーやファストフード店は、「そこにあることの必然性がない」。だからそこは街ではなくただの消費空間ではないか。TSUTAYA的マクド的スタバ的な店はどこにあろうと同じで(道頓堀にももちろんある)、そういう代替可能なコンビニ・スタンダード的な店は商業施設でしかない。

わたしはこの座談会で井上さんに、「ハッキリと『ここにテーマパークを作ろうと思った』と言ってもらった方が、きっとわかりやすいんです」と発言しているが、生野のホルモンや岸和田の「かしみん」をも集めて入場料を取る「極楽商店街」は、そこにある必然性はあったのだろうかと思うのだ。大阪の食べ物のテーマパークをわざわざ大阪一大阪的な道頓堀につくるというのは、どう考えても「ちょっと違う」のである。

スターバックスがアメリカ本国で赤字を出し、不採算店舗をどんどん閉店していて、それが六〇〇店にもなった、というニュースが流れているが、「道頓堀」という記号と人の集まり具合に惹かれて東京や海外から資本が進出してきても、うまくいかないとなるとすぐに撤退する。それは企業活動だから当然のことであろうが、何百坪もの商業フロアの場合は、ナンボ何でも街の方が持ちこたえられない、と思うのだ。何億円なりを投資してそれを何年なりで回収すると次はほかの業態を考えるという流行軸的なやり方も、ダメなら撤退という方法も根本は同じで、そういう「徹底した金儲け社会」に道頓堀は「えげつないな」と回答している。

大阪名物・タコ焼き屋の幻想

「どこにお連れします？　東京のお客様」というテーマの座談会を先日やった。

とある出版社の京阪神の飲食店についての単行本の企画であり、東京から来た人をどこのどんな店に連れて行って、何を食べてもらったら喜ばれるのかを、京都・大阪・神戸別にわいわいと話し合い、それを記事にまとめようという趣旨である。

京都なら祇園を白川沿いに歩いてやっぱり和食、それも割烹で。神戸は南京町を流して「実は本当に美味しいのは」と、わざと違うところの地元仕様の広東料理に連れて行く。

などと話がどんどん弾む。そして大阪になってハタと困った。大阪は東京に比べて、うどんや串カツなど安い物が何でも旨い。けれども決め手に欠ける。

しかしこれだけは言える。とかく東京の人が行きたがるお好み焼きとタコ焼きには絶対連れて行くな、ということである。

地域的にディープな差異があるお好み焼きはともかく、タコ焼きというものはわざわざ「それを食べに誰かを連れて行く」というものではないということで、そういうことを東京の人（べつに九州の人でもいいけど）にまずわかってもらわないと、大阪の「旨いもの」や食べ物屋という世界がもったいない、ということである。

なぜそうなのか。

「どこでもあるオカンのつくったおかずみたいなもん、わざわざ食べてもらうことないですやん」と二〇代の若い編集者のOが言い、「あんなもんは、祭の時に食うたらええもんや」とオレが岸和田的に言い放って、みんなが納得する。

これは本当にそうなのか。

髙村薫さんが九八年に大阪府立文化情報センター主催文化サロンでされた講演「文芸の大阪」というのが、文春文庫『半眼訥訥』の中で「小説の言葉――わたくしのなかの大阪」として収録されている。その中に「タコ焼き」について言及されている箇所があり、髙村さんはこう語っている。

振り返ると、わたくしが育った家はもちろん、地域の学校も友だちの家庭も、伝統的な大阪弁が聞こえてくる場所ではありませんでした。ことさら大阪を意識するようなものは何もない。言葉、食べ物、住まい、生活習慣、何もかも大阪ならではのものがない、まるでのっぺらぼうでした。

実はタコ焼きの屋台も、数年前にやっと緑地公園駅（北大阪急行電鉄）の前にできました。わたくしは大阪市内に住んでいた子どものころに、タコ焼きを食べましたが、それっきり三十年以上、食べたことがなかったという、そういう人間です。

代々大阪市内にお住まいの皆さんには、信じられない方もおられるでしょうが、郊外の新興住宅地の生活は、そういうものです。ハンバーガーショップやドーナツショップはあっても、タコ焼きの屋台はありません。

（中略）

大阪の言葉、食べ物、匂いといったものはいつでも近いようでいて遠い。在ることは知っているのに、現実の接点はない、という状況だったわけです。


「一家に一台タコ焼き器がある」。そういうふうに言われている大阪だが、そのマンションの一室の中のタコ焼きは、街の屋台のタコ焼き屋のそれではない。基本的には子どもがいる家族のお遊びごっこで、買った当初はうれしくて楽しくて、月に一〜二回は日曜日の昼にごそごそと収納棚から出してきてやっていたが、そのうちにどこにしまったのかもわからない、といった感覚だろう。だからそれはタコ焼きであってタコ焼きでない。もちろん、うまいまずいの話ではない。

「大阪粉もの文化」、みたいな言い方でそれらが語られる時の違和感は、髙村さんが言われる「現実との接点はない」ことだ。つまり祭や縁日のにぎわいや市場の匂いや歓楽街の入口の明るさといった「現場」が何一つ感じられずに、タコの大きさがどんなでソースが塩マヨネーズでメリケン粉にダシが入ってるとかいう「それ自体」だけに焦点が当てられるという捉えられ方が、ひどく的外れなのである。

したがって「ラーメン評論家」などと同じグルメ情報誌的スタンスで街のタコ焼き屋をまわってカタログ化しても面白くも何ともないし、だからこそ、そういう「現場」と全くリンクしない案内の仕方では、どこのタコ焼き屋によその人を連れて行っても喜んではくれないだろう。

そしたら新世界の串カツはどうやねん、西成や今里のてっちり、鶴橋のホルモンは……と話は進み、どうも大阪のそういう食べ物は、それ自体は正味のところあんまり旨いものではなく、それなら現在進行形で勢いのある北浜や本町周辺のイタリア料理店やミナミの割烹へ案内するべきだ、という意見と、いやそんないじけたことを言うな、やっぱり大阪のフグやハモや肉はよそより旨いし安い、という主張が混じって大いに盛り上がる。

けれどもこういうときに、グラフィックデザイナーのT村さんが、いつも差し入れで持ってきてくれる京町堀かどこかのタコ焼きは、あれはやっぱりうまいぞ、という話も出てきて、それがとても街的に面白かった。

明石家さんまがメディアの中で喋くる「まんねん、でんねん」という大阪弁は、実は一般の街場の話し言葉ではなく、昔の上方芸人や船場商人風のそれをアレンジしたものだ。だから彼の商売、つまり芸は、本当は大阪的ではないという批評と、街なかのコンビニの「地域限定」みたいなスタイルで売られているお好み焼きやソース焼きそばが本物ではない、と目くじら立てることは、似ているようで全く違う行為である。

よその人を連れて行っても喜んでくれないだろう、と思える存在になった街のタコ焼き屋は、その街自体の鏡のようなものなのかもしれない。

「店に行こう」というレベルではなく、「この商店街おもろいで」と街レベルで誰かを案内したついでに「ちょっとタコ焼きでも」とつまみ食いしてみる。そこで「外はカリッと中はとろり、だね」とか「さっすがタコが、デカいよね」とかで喜んでくれるならそれで上出来だ。

タコ焼きだ、いや串カツだ、などということではなく、おいしいものはどこの店に入って、何を注文しても食べられる。大阪は本来そういう街であるはずだ。

関西弁で書くということ

常々「大阪弁（関西弁）で書くこと」について考えている。

つい先日は『ダ・ヴィンチ』一一月号の第二特集で、「関西ダ・ヴィンチ〝あほあほ〟関西弁のちょっぴり真面目放談」という座談会をやることになった。

その座談会は、このところ新しい大阪弁感覚の小説で売れまくっている西加奈子さんと、髙村薫さんをして「大阪弁をシリアスな小説のなかにきちんとはめ込む、そういう芸当のできる作家は、わたくしの世代では黒川さんしかおられないのではないでしょうか」と言わしめたミステリー作家の黒川博行さんとの三人でやらせていただいたが、なかなか「大阪弁による書き言葉」は、複雑で奥が深いものがある。

わたしは今、この文章を関西弁、つまり正確には大阪弁のイントネーションとアーティキュレーション（言語の分節化）で書いているが、せやけど大阪弁でやなあ書いておもろいかどうかなんかわかりまへんがな、とは書かない。

このような表記では、われわれ日常的に大阪弁を喋って生活している者にとっても、読みにくいからだ。これはとても微妙なことなのだが、どうしても実際の話される言葉のまま文章にする、つまり表記したい時には、会話のなかの引用文として「」でくくったりしている。

よくいわれることだが、関西弁を母国語とする関西人は、言文一致体を持っていない。話す言葉と書き言葉はちがうということだ。けれども、イントネーション&アーティキュレーション的には、話すにしろ書くにしろ、どちらも関西弁である。

また書かれたものを読む時は、新聞や週刊誌の記事も、太宰治の『走れメロス』も宮澤賢治の『永訣の朝』も、関西弁つまり関西イントネーションで読んでいるし、何かを思ったりものを考える時も関西弁である。

そんなことを三人で話していて、そうだそうだと納得しあっていたが、どうもそうではないらしい。本渡章さんという人の『大阪人のプライド』(東方出版)という本を読んでいると、ある大学教授による大阪弁話者についての文章引用があって「考えるときは標準語でものを考える」「考えるときは書きことばで考える」とある。

さらに本渡氏は「テーマをさだめて本格的に思考するときの言葉は標準語になる」「思考はものを書くのと似た作業だし、頭のなかで行われ、声をとおさないから話し言葉(大阪弁)ではなく、書き言葉(標準語)がつかわれる」「大阪弁は書き言葉にしにくい。だから、ものを考えるには標準語がよい」ということが書いてあった。

さらに「大阪人は、標準語と大阪弁の二重生活を日々おくっている」と述べていて、結論として

「標準語をしゃべる大阪人は『まじめ』にものを考える。大阪弁をしゃべる人間は『反まじめ』モードで考える。言葉の二重生活をする大阪人はしばしば『まじめ』と『反まじめ』の間で遊びながら考える」と締めくくっていた。

誤解のないようにもう一度書くが、「〝あほあほ〟関西弁のちょっぴり真面目放談」は、そのタイトルのように「真面目」に関西弁について考え、話し合ったものである。そこでの話題のひとつが、わたしたちが「書く関西弁」についてと「書かれた関西弁」を「関西弁で読むこと」であり、関西弁話者としてしばしば感じるその違和感と難しさであった。

「おう、ワイや!」などという、過剰な関西弁の「番長日記」は、読んでいて調子が悪い。調子の悪さに加えて、読み手に対する「やりすぎ」なサービス精神みたいなものが体に刷り込まれているようで気色悪い。清原和博本人も「『ワイは…。』と書くのだけはやめてくれ。ボクは自分のこと、オレとかは言うが、ワイとは言わない」と述べているように、そういう感じがする。

すごくシリアスな場面であっても悲しい場面であっても、「ここで一発、読み手にサービスしといたれ」みたいな書き方は、関西人の関西弁による日常会話の方法に近いような気がする。けれども、「番長日記」を読んでいるわたしは関西弁(岸和田弁)でそれを読み、関西弁でこれを書いていて(もちろん関西弁で考えている)、その上での違和感を感じているのだ。

そして黒川さんの書く関西弁は、関西リアルを超えた、きちんと構築された世界の関西弁で、ご自身が「俺のは作った言葉、書き言葉に近い大阪弁や」と述べている。

また西さんは、関西弁には曖昧な言葉が多いし、それをそのまま文字にするのは、やはり画期的ではないか、との問いに、「ウチ、アホやから読んでくれはる人の気持ちとか全然読めへんし。アカンと思うけど、それを編集者から注意されることもないし」と痛快に答えている。

ものを考えるということは、言葉で考えるという以外に足場を持たないことであり、ものを書くということは、自分で書いた言葉を耳で聞くということではないか。

その意味で、わたしのなかでわたしを基礎づけている言葉が「考えるときは標準語でものを考える」ということはないし、まして「本格的に思考するときの言葉は標準語になる」というようなことは断じてない。標準語イコール考える言葉で、それが書き言葉であるという図式は、わたしの場合は完全に当てはまらないし、もしそうだとしたら、わたしや西さんや黒川さんは考えたり書いたりすることの資格がないということになる。

「大阪弁は書き言葉にしにくい。だから、ものを考えるには標準語がよい」ではなく、「大阪弁は話し言葉にたけている。だから、書き言葉にしにくい」はずで、書き手はその「しにくさ」を断念するからこそ「標準語でものを考え、書く」ということを容易に選び取ってしまうか、『反まじめ』モード」つまり下らない「いちびり」になってしまい、文学というものがつまらなくなってしまうのだと思う。

世の中には、どうしてもそこでしか生きていけない人もいるし、そこの言葉でしか話せない人もいる。だからこそ世界は面白い。

わたしが、この街場やだんじり祭を通じて直に見てきたことは、そのような地方性ということであった。

「阪神間」はお好き？

芦屋や苦楽園に代表される「阪神間」の街ネタについては、このところファッション系雑誌や情報誌に特集されていることが多くて（『ミーツ』だってそうだ）、本音からいうと「そんなにエエ店、あったかなあ」みたいな複雑な気分だし、自分としてはJR芦屋駅前の「ザ・セミパブリック・スペース」である内田樹先生宅で麻雀をやるほかは、用事がない限り、わざわざそういうところには無闇に出かけない。

というわけで、珍しく編集部から「阪神間て、どう思ってるかを書くように」というオファーがあったので、いきなり行かないくせに知らないくせに、そこの街や店のことを書くなよ、みたいな感じで、すでに論理は無茶苦茶である。

まだ『ミーツ』の編集長をやって数年の頃、結婚していた相手がイタリアンファッションの超メジャーなブランドの会社に勤めていたこともあってか、何を間違えたか『BRIO』というそれ系の雑誌から「ご夫婦行きつけの芦屋や夙川の店を紹介するべし」という取材依頼があって、困ってしまったことがある。

もちろんその取材は「ミナミか三宮だったらよく行くのですが、芦屋は……。あっ、岸和田なんてどうですかね」といちびりながらお断りしたのだが、どうも「お前は芦屋みたいなとこで遊んでんのんか」と、京都・錦市場のバッキー・イノウエや、岸和田のだんじり野郎に言われたりするのがイヤだったこともあった。

芦屋セレブ、アシヤレーヌではないが、あの辺の人たちは、朝、主人や子どもを送り出したら、今日はどんなお洋服を着ていこうか、バッグはどうしようかと悩み、昼は子どものお友達ママと優雅にフレンチかイタリアン。お開きのあとは、芦屋大丸とか岩園のｉｋａｒｉでお買い物。そういう巷の風聞や自分の少ない見聞については、「おたくら、ええなあ」という根拠不明な怒り混じりの羨望と、「勝手にしとけや」という侮蔑を併せもつアンビバレントな感がある。

そして実際、芦屋の店に地元の人間に連れて行ってもらうと、鮨屋ではジャンボ尾崎みたいなニットを着た客が、入ってきたほかの客のために席すら詰めずに、白い厨房着の下にネクタイを締めて鮨を握る大将に、ビールをやたら勧めながらゴルフの話に巻き込んでたり、カフェとバーを足したような店では、いい年をこいたねーちゃんおばちゃんと、その男かなんか知らないにーちゃんおっさんのカップルが酔っぱらっていて、店のマスターに「ちょっとぉ、○×ちゃん。こっち、シャンパンもうないんやけどぉ」という調子で、こいつら阿呆か、などと思ったりするのだった。

堺出身で岡本を経て芦屋に住んだ友人は、「芦屋や夙川の店の客は行儀が悪い」と言いきり、「ミナミや三宮辺りで相手にしてもらえない客が、店の人にべたーっと甘えたり、威張ったりしてるのが鬱陶しい」とこぼす。そうかぁ。ほな、芦屋なんかに住むなよ、というのはこの際、置いとく。

芦屋や夙川は街ではない。住宅地、住宅街だ。それは駅前にパチンコ屋やスナックや立ち呑みの串カツ屋などなどがないから街ではない、ということではない。

たとえば阪急神戸線の駅は、上り下り両ホームの海側にしか改札がない駅があり、そういう駅は、とても「らしい」。御影、岡本、夙川の三駅がそうだが、とりわけ夙川は、海側に開かれた改札口を出ると、待ち合わせの人々でにぎわい、バスターミナルやロータリーがあったりの典型的な郊外の駅前風景だ。

しかし山側のホームにも、ほんの小さな定期券専用の無人の自動改札口があるのをだいぶ前に発見した。きっかけは、三宮からの特急でホームに降り、無意識に前を流れる人についていったことだ。券売機は置かれていないその改札口は、阪急より山側に住み、定期券で大阪方面に向かう人および、神戸方面から帰宅する人「専用の」いわば「勝手口」みたいなものだ。

仮設階段のようなそっけない階段を下りると、単線の踏切があって、それを渡るといきなり住宅街だ。例の駅前的光景はこれっぽっちもなく、ただ人の帰宅姿があるのみだ。ガンメタのアウディや、赤ボルボのワゴンが走る越木岩筋の車道に沿って山側に歩くと、ぽつぽつと店がある。ハワイアンカフェや手づくり感覚な内装の蕎麦屋（必ず禁煙である）にしても、いい感じに年を取ったようなケーキ屋にしても、そのたたずまいは見事に「らしい」。けれども「勝手口」から降りると、それまでのように海側の駅前改札を出て、阪急のガードをくぐって山側へ行くのとは全く違った感覚なのに気がつく。

このあたりのこういう店に行く人は、そんなクルマで乗り付ける人か、歩いてすぐの近所に住む人かなのだが、たぶん後者の人は「勝手口」から降りる人なのだろう。そして「勝手口」の人は、仕事帰りのスーツのままでいきなり店には行かない。とくに飲食店や、物販でも買いまわり品（服やバッグや靴など）の店には、絶対行かない。そういうのは一旦、家に帰ってリセットしてからの話なのだ。

そこのところの認識がないと、芦屋や苦楽園や夙川は、身体的にわからない。女性ファッション誌でやっているブティック特集は「あら、あそこの店でこんなのが買えるのね」だし、リージョナル誌のレストラン特集では「おっ、近所にそんなイタリアンが出来たのか」であって、それらを見て「今度の休日にクルマに乗って……」と、なにわや姫路ナンバーで出かけるのは間違いなのである。

世の中にはそういう間違いを敢えて好む物好きも多いが、繰り返すがここは街ではない。店では（常連客の？）犬連れオッケーだが、それに対して「食いもん屋に犬はないやろ、ここはお前の家ちゃうぞ」は、その人の方がNGである。

実際「そんなことに、いちいち腹立てるんやったら、来んといたらええねん」は真で、そういう人々は家でイタリアンの料理人とソムリエの友人を呼んで、白トリュフとヴィンテージもののバローロを抜きまくっていたりする。ふーん。

ところで、わけのわからないことをいろいろ言ってるそういうあなたは一体、芦屋とか苦楽園とか、きらいなの？　どう思ってるの？

いいえ、好きです。

そら、ヤクザいてへんもん。

「まち」と「街」の間には

このところ、先斗町には「一見さん、いらしゃい」的な、それとわかる町家店が多くなってきて、「あそこはもうテーマパークや」みたいな声が京都の街人からよく聞こえてくるが、やっぱり先斗町は街に違いないと思う。それは誰かが「都市開発」や「まちづくり」といったことで、やってしまったところではないからだ。

通常、駅ビルやファッションビルのようなビル的建築物の商業施設ではなく、都市計画的に面的な展開の商業施設開発を「まちづくり」というのだということを、この四月に完成した「なんばパークス」について、とある業界紙の取材を受けて初めて知ったのだが、こちら側からしたら平面の商業施設であるかどうかということだけで、それが「まち」なのかどうかを測ったことがない。そしてわたしの場合の「街的感覚」では、「まち」ではなく「街」である。

郊外のロードサイドや地方都市の駅前にあるようなショッピングモールは街ではない。また、神戸ハーバーランドの「モザイク」のようなところも大規模商業施設であってそれ以上でもそれ以下でもない。つまり街ではないと思う。先日、ハーバーランドにあるラジオ関西へ行く用事があり、その時に何気なく「モザイク」に寄ったのだが、やはりど真ん中のテーマパークなのだと思った。

神戸ハーバーランドの「モザイク」は、デベロッパーからすると、九〇年代につくられた「まちなみ型商業施設」の数少ない成功例の一つだそうだが、「びっくりドンキー」や「神戸ブランド亭」といったテナントが、「明治屋 神戸 中央亭」とか「とんかつ武蔵」といった懐かしい三宮の店と一緒に入っているのを見ると、それは「まちなみ型」という「のようなもの」であるだけではないか。

なんだかそのあたりが気になって、帰ってウェブで検索していると、「モザイク」は「オープンモール」ということであり、その内部は「小さな店舗が絡み合うように軒を連ねてその合間を縫って隠れるように小道が縦横上下に走っている」ということだが、その小道は全くの映画セットのような「演出」にすぎない。箱モノはやはり箱モノで、だから店は店でなくテナントである。

小道は路地であり機能である。そしてそれが正真正銘の街としての性格を決定づけているのだと思う。

先斗町や錦市場に行くと、自転車や時には原付が通ったりしているのに驚くことがある。錦市場の店の人は、朝と夜には自転車で自分の店へ行くし、昼下がりに先斗町を歩くと、割烹着姿の兄ちゃんが携帯電話で話しながらホンダのスーパーカブに乗っている。かといってそこを自転車で通る外部の人、つまり客はいない。それは自転車の通行が危険であるとか邪魔だとかではなく、「街の常識」感覚が外来者にも直感できるからだ。そしてそれは「管理」とか「規約」とかそういったものではない。

ハーバーランドの「モザイク」の中を自転車で通る人はいない。その商業施設の管理規約は見ていないが、その「まちなみ」の中を自転車が通ることはあらかじめ禁止されているであろうし、自転車の通行を想定して「まち」をつくってはいないのだとも思う。

わたしの生まれて育った岸和田の商店街は、三輪車も自転車も犬も通る商店街だったが、それこそ人通りであふれた七〇年代は、よく自転車に乗って叱られた。今は店が閉まる夜になると、クルマも通る。もちろん商店街の入口に車両通行止めの標識が出ているし、商店街組合の規則では「自転車の通行は禁止」だったと記憶している。

誤解がないように書いておくが、別にわたしは「街には自転車が必要だ」などというつもりはないし、いの一番に「街には緑が、広場が……」などという都市プランナーの眠たい話には付き合うつもりもない。

西梅田の「ヒルトンプラザ・ウエスト」には、ルイ・ヴィトンとロエベとフェラガモが四つ橋筋に並んでいるが、それが出来て間がない頃、丁度お昼時が終わって自転車に乗った銀行員か証券会社風なスーツ姿のサラリーマンが、その前の歩道の片隅に停めようとした。そうすると急いで制服姿のガードマンがやってきて「ここはダメ」と高圧的に言っていた。

店の真ん前ではなく、側道のオブジェみたいな植え込みの外側のちょっと離れたところなのでまあ良いのでは、と判断したのだろう。チェーンの鍵を出そうとしていたその三〇歳過ぎくらいのサラリーマンは、よほどそれにカチンときたのか「それは道路交通法か何かで禁止されているのか」「これはお前とこの土地か」と詰め寄っていた。最後には「ここが出来る前はこの辺に停めてたんや、ほなどこに停めたらええんか教えてくれ」と大阪弁で吠えていた。ガードマンはそれが仕事なのであるから仕方がないけど気の毒だし、忙しそうなサラリーマンもかわいそうである。

少し離れた店の中からは、制服を着た店員が覗いている。多分、この新しく輝く店の前ではこういうことはよくあることなのだろう。こんな時には、商店街では店のおばちゃんや親父が出てきて「そこは、困るねん」と言うだけで終わりなのであろうが、ここはそういうところではない。

例えは悪いが、隣から火が出たとして、真っ先にバケツや消火器を持って駆けつける人が多いところが街であって、緊急時のマニュアルで火災報知器を鳴らし管理会社に通報するのがショッピングモールなのだと思う。

参議院選に黒川紀章が立候補していて、以前浅草に住む友人の桃知利男が「ももち ど ぶろぐ」でも書いていた、七〇年代に氏が訳したジェーン・ジェコブスの『アメリカ大都市の死と生』（鹿島出版会）という書籍を再び思い出して繰ってみると、「街路に対する信頼がないということは街路にとっては一つの災難である。街路に対する信頼を高めることは制度化しえないものである。といっても、街の一人一人の個人に委ねてしまうという意味ではない」（六九頁）という一節に出くわした。

今でも黒川紀章が街や街路に関してそういう見方をしているのなら、東京選挙区なので一票は入れられないにしても、わたしも政見放送ぐらいは聞いてみてもよい、などと思うのであった。

街場の鮨屋は情報化できない

元ワールドのラガーマンKくんがやってるバーで、鮨の話になった。

サッカーのワールドカップを大モニターで観ながら、ジャックダニエルのソーダ割りの三杯目のおかわりを投げやりな感じで飲んでいた。「日本酒飲みますか?」と訊かれるのと同じタイミングで、酒が三分の一くらい残った四合瓶が出てくる。

客が土産に置いていったという濁り酒だ。バーボンと酒のグラスが二つ並ぶ。元ラガーマンのマスターも自分のグラスに注ぐ。というよりも、客が一人しかいないので「ええい、酒でも飲むか」という感じで、こちらも投げやり感満点である。

一口飲む。おっ、これはうまい。

「おー、なかなかうまいなあ。この酒」

「そうでしょ。『酔鯨』いうて、高知の酒ですねん」

どちらが言い出したのかもう忘れてしまっているが、日本酒の味があまりにも〝鮨な味〟で「鮨、食いたいなあ」の話になった。

ちょうど、新書の書き下ろし用に鮨屋のことについて一コラム書いたばかりである。

それはどういうことかというと、このところ「大人の」と冠がつく雑誌や情報誌でよく特集されるのが鮨屋である。けれども本来は、街場の鮨屋ほど情報化されにくいものはない。

その鮨屋の世界では、いい店そのものの情報はもちろん、どうして値段が表記されていないのか、ネタの注文の順番はあるのか、とかややこしそうなことがいっぱいあって、だからこそ、そういう「大人の」な雑誌や情報誌では、それらがマニュアル風に書いてある。ここに掲載されている情報をインプットし、それに見合うお金さえあれば、ほらアナタもこんな鮨屋に行って楽しめますよ、という極めて消費的なスタンスでの特集である。

けれども、鮨屋のマナーや食べ方に一般論や正解なんかあるわけがない。「うちの店はこうですから」という店のスタイルなりスタンスと、客側の私的な感覚が合致するかどうかがすべてなのだ。そしてその鮨屋のそういうことは、「わかっている」誰かにその場で教えてもらわないとわからない。つまり情報誌には載っていないのだ。

それは外国語を習得するのに似ていて、誰かにその鮨屋の言語のイロハを習い、店との実際のやり取りでそこの文法や言い回しがだんだんわかってくる。だからそれがわからない一見は、勘定の時にいきなり「二万円です」と言われたら「はい」と払うしかない。「えっ？　この店は、トロが一カンいくらで……」みたいに問い直すことはできない。

そういうことが「わかっている」地元の行きつけの鮨屋は気安くてわがままが言えたりするし、時には文法が違う街の鮨屋に連れて行ってもらったりする愉しさがある。

その日の会話をダイジェストするとそんなところだが、大阪生野の下町出身で、酒も旨いものも遊びも過剰に好きでたまらないKくんは、そんなのはわかっている。オレは彼との長いつき合いで、彼がわかっているのがわかっている。

だから、いきなり「トロ！」を言って、そこからまた「トロ！」をリフレインできる店はないのか、という話になる。

基本的にそれはどこでもオッケーだが、店には嫌われる。勘定の際にいくら取られても文句は言えない。そういうことに関して「金はあるよ。何か問題でも？」という人は大変に街的でないから、そういう人種とは遊んでても面白くなさそうだ。

「何ぼナンでもトロ！　トロ！　の連発はヤバイよなあ。やりたいけど」

「それはやっぱりアカンでしょ。始めにトロ！　はまあイケルとして、やっぱりイカか何か挟んで、次は中トロですわ」

「トロ鉄火、巻き簀で。は、かめへん。その後、トリ貝か何かイクなあ」

「うーん、トロ鉄火ですか。ボクは次は貝柱、塩で。ですわ。ハマチとか魚はあかんでしょ」

「あかんあかん。やっぱり貝かイカかタコしかない。ウニは許せる。けど鯛は違う」

「鯛は論外でしょ。次もイクんやったら」

「トロ！　イカ、中トロの鉄火、トリ貝、トロ！　ウニ、それで店の人の感じを見て、イケルんやったらまたラストでトロ！　ちゅう感じかな」

「あー、トロ食いたいなあ」

「ほんま、トロ食いたい」

……てな感じで、四合瓶が空になる。

「あー、もうたまらん。トロ行くかぁ」

「もう、どこもやってへんでしょ」

「そやなあ、ほな今度と言うことで」

「今決めましょ。来週の月曜日で」

「よっしゃ。九時過ぎるけど」


次の月曜日、昼過ぎにKくんから電話があった。店は休む、とのことである。

九時半に行きつけの鮨屋前で待ち合わせする。後輩の元ワールド・ラガーマンも一人加わる。これはエキサイトしそうだ。

オレらはすでに頭の中がトロ！　しかないから、その店の一番の二〇年来の馴染みのオレは、刺し身など頼むそぶりも見せずに、いきなり「トロ！」と言って「キミらもいくやろ」と付け足して言った。

ラガーマンらしく地声が大きいKくんは「そら、トロ食いに来てるんやから。だはっ」と心持ち小さな声で笑った。

板前のHさんは、それを見ていてにっこりと微笑んで三人分六カンを素早く握る。

一口食べて「うんまぁ～」とKくんは太い首を小さく振りながら目をつぶって唸る。

こうなると、あの夜の通りである。ウニがキュウリ巻きに代わり、卵焼きのアテが加わった以外は、まるであの時の会話のまんまである。

ラストのトロはことのほか旨い。所用時間一時間足らず。

店を出た時、全員が声を合わせたように「安っすー」だった。街は情け深い。

ミナミの文脈

土曜日の昼にケータイが鳴り、あす日曜の夜に京都の友人がミナミに出てくるということだ。「久しぶりに、大阪のイタリア料理、食べたい思てるんやけど、段取りしてくれや」ということである。

大阪の街場のイタリア料理は旨い。何が旨いのかというと、カウンターを挟んでシェフと相談しながらメニューを決めたり、わがままを聞いてもらったりの割烹的な使い方が出来るからである。旧知の中野さんがやっている船場の「マーブル・トレ」も新町の「トラットリア・パッパ」もそんなカウンタースタイルの店である。

このところ、同世代のメンバーで「ちょっと旨いものを」とメシを食いに行くときには、いわゆるレストランには行かなくて、割烹や小料理屋あるいは鮨屋が多い。それはどこも「食べながらイケる」店、つまり酒場の延長線上であるからだ。そしてイタリア料理もそういう感覚でないと、正直ちょっとしんどくなってきている。

さて、予約して晩飯を食べるなんて、ほんま久しぶりやなあ、などと思いながら「マーブル・トレ」に電話すると日曜日は休みだった。「パッパ」も休み。そういや「マーブル」にいた上村さんが難波神社前で新店をオープンしてまだ行ってないけど、なんちゅう名前やったかな、と調べるが、やっぱり日曜日は休みだった。

それならミナミで四半世紀にわたってレコード屋——いや今はＣＤショップ＆カフェか——の［ザ・メロディ］をやってる森本徹さんに聞いたら教えてくれるだろうと、店に電話を入れる。

「日曜？　イタリア料理？　もうそんなん一〇年ぐらい行ってへんわ。全然、知らん知らん」

モリモトさんはいつもながらの大きな声でそう言ってガハハと笑う。

そんなとこに行くと、うっとうしいし、ほかの客にむかついてもしゃあないし、もうここずっとは造りとおでんとお茶漬けや、とのことである。

オレも「ほんまにそうですな」と笑う。

しかしまだイタリアなるものが肩パッドてんこ盛り状態で、イタリア料理が「イタメシ」などと呼ばれていた九〇年代はじめ、それを含めミナミの旨いもんについては、モリモト周辺情報が断然早かった。時代の流れの中で、飲食店という業態そのものが変わったのか、われわれが変わったのか。

フレンチやイタリアンは、たまにワインが飲みたくなるから行く。

が、それは「予約をして」というスタンスではないし、「今日は、がっつりイタメシ」みたいな感覚は物心ついてこの方ない。焼鳥でも魚でもおでんでも、それらと酒で結局は腹一杯となるから同じことだけれど、あまり予約してメシを食うということはないのである。ついでに言うと、そういうことは大阪では本町通から北のエリアの話だ、などと思ったりする。

ミナミという街では、例えば話がてら急に思い立ち、フレンチに行こう、となって目当ての店に行くと満席で、それならと近くの別のフレンチに入るといった場合もあるが、それがいきなり居酒屋になったり鍋になったりもする。実際的にいうと、エビフライを食べようと東心斎橋「洋食Ｋａｔｓｕｉ」に行ったら満員で、ほなら「川福」でうどんとジャコめしでも食うか、いや待てよ、その前にモリモトさんとこに寄ってビールでも飲んだらなんか出てくるやろ、といった文脈である。そんなことのどこに文脈なんかあるんだ、という人にはそれが文脈なんだよというしかない。

そういう街はとても街的である。あらかじめ何日何時にどこの店へ、ということでしか行かない店ばかりだと、街は窮屈極まりない。極端にいうといつも予定なしで、とりあえず街に出てからどこに行こうか何を食べようかと考えたりすることの選択肢が多ければ多いほど、その街の奥行きがあるように思えるし、予定などといったものを台無しにしてしまい、いろんな出来事に巻き込まれる要素に満ちている街ほど、行き甲斐があるというものだ。

ミナミも本来はそんなタイプの街であるはずで、通りをぶらぶらしながら「おお、こんなところに新しい店が」と発見したり、たいした目的やもちろん用事もなくただマスターの顔を見に喫茶店に行ったり、「このごろあいつとはご無沙汰や」みたいなたわいもない動機で行きつけのバーに入って、そこで「次はどこに行ったろか」と思ったり、いつの間にか酒場で誰かの金魚のフンになってまた一つ新しい店を知る、なんてことがある。

だからビギナー向けの情報誌によくある、あそこで何を食べて次はどこでどんな酒を飲み、締めはラーメンで……といった、あらかじめ情報インプット型のデジタルチックな考えでは、自分の知識をアタマの中で増やしていくだけのショボい楽しみ方しか出来ない。

知識を増やすということは、1足す2は3、3掛ける5は15、といったようにどんどん問いと答えのセットを自分の記憶＝データとして増やしていくだけのものだ。あらかじめ答えが用意されている問いは、正解が出た瞬間で終わりである。だからデータが増えるだけでおもろくない。

受験勉強しか出来ないヤツの致命的なところは、試験場でテスト用紙が渡されて、まず全体をじっと眺めて「これは自分に容易に解ける」というものと「ちょっと頑張れば解ける」もの、そして「これはどう考えても解けない」という問題を瞬時に選別し、それから白いもの、つまりあらかじめ自分が答えを知っている問いからかかっていくというつまらなさだ。

それはまず自分にインプットされているデータがあって、そこに問いを当てはめていくという前後が倒錯したやり方である。街ではそれが一番、店と仲良くなれない下手なやり方だ。物事は何でもそうだが、グレーのところに入っていく方が断然面白い。

旅を愛する人にとって、観光スポットやブティックやレストランを羅列した旅行本はつまらないように、街についてのガイドブックたる情報誌は、どこにどんな店があって、どこに行けば何が買え、何が食べられ、それがいくらなのか、だけではダメなのである。そういうことはインターネットで事足りる。あらまほしきはその国や街での自分にとっての「旅行の仕方」のヒントがわかる本だ。

日曜のミナミでどこに行くか。

何だか『ミーツ』でよくやりそうな特集みたいで、これは難しい。そういう時に、まずインデックスやジャンルやタグといったものに基づいて検索するのではなく、いきなり人の顔が出てくる。そういう街がミナミである。

そう思いながら、日曜の夜のイタリアンはあきらめることにした。

身体でわかる「だんじり哲学」

岸和田だんじり祭に関して二冊の書籍を上梓していて、昨年はNHK『関西クローズアップ——だんじりで町をひとつに』の解説でテレビに出たりしたので、仕事その他でお会いする人たちに「だんじり」の話題について振られることが多くなった。

以前からお互いの地元のことを知り合う仲ならともかく、初対面早々に「いっぺん、話を聞きたかったんですわ」と目を輝かせながらいきなり仕事の話そっちのけで「だんじり話」を切り出す方もいて、だんじり祭礼関係者あるいは愛好家の人たちは直截的だなあ、やっぱり熱いなあ、などと思ったりもする。とくに七月が過ぎてそういっただんじり関連の話の機会が増えてくると、今年の祭がそこまでやって来たことに気づく。多分、その人たちも同じ気持ちで祭の話を持ち出しているのだと思うが、泉州地方で一番早く九月に祭礼がある地元・岸和田では、実際に今年の祭礼に向けての「寄り合い」の回数も増えてきているのである。気分はすでに「祭やのお」である。

天神祭にも出る地車《だんじり》は摂河泉にその数八〇〇台とも言われている（岸和田市だけでも八十数台ある）が、北新地の知り合いの店で飲んでいて、ご主人経由で別の客に「この人、『だんじり若頭日記』の江さんです。こちらは泉大津の〇×さん」と紹介され、そこから怒濤のだんじり話に突入することもある。酒が入っても入らなくても、男は一年中祭の話ばかりしているような地元・岸和田ではともかく、キタやミナミにいても本当にだんじり祭関係者の人口が多いのだと実感する。

今年は岸和田旧市街地では、約九〇年ぶりに岸城神社の宮一番の宮本町、現在の岸和田型地車のルーツとされる北町の二町の新調があるので、とくにその話が多い。淀屋橋のスペイン・バルで、「何でそんなことまで、この鳳（堺市）の人は詳しく知ってるのだろう」と思ったり、道頓堀の老舗「バー・ウイスキー」で他の客にとってはナンのことか内容が全くわからない専門用語連発の地車彫刻の話になったり、「遣り回し」がいかに凄いかという話に連れ客が「またか」という顔をしてあきれたり、お互い語尾に「ちゃる」や「やし」がつく恐ろしくローカルな泉州弁になったり、歴史や地車大工や宮入やさらに事故や町同士の紛争や度胸千両系男子の話など、内容もその都度いろいろあるのだが、そういう時には「だんじり祭界の大リーグ」あるいは「地車のＦ１」と言われている岸和田旧市街地で祭をやってきた自分は、何とラッキーなのかと思ったりもする。

だんじりや祭についての話が面白いのは、モノの話や社会・経済一般論ではないからだ。かといって単なる世間話でもない。それは自分の地元やそこで一緒に祭をやっている人がいかにユニークかということで、本当に自分の参加している町が大好きだということの告白でもある。いや、好きだというよりも、各々がその地元での生活の中で祭をやりながら去年一年を過ごし、また今年の祭がやってきたという、ある意味どうしようもない生活原理みたいなことが必ず含まれている。そこが金儲けや株についての情報交換、あるいはワインの造り手やクルマの性能やペットの種類についての趣味や知識の話とは違うところで、この同時代においての人間関係を中心とした実人生の美意識や態度や処し方に対しての話題でもある。

うちの町（地域）がやっているだんじり祭はこういうふうで、隣の町とはここがこう違う。隣の隣の町であるあなたの地元のそれはどうか。そういう「うちの町」と「よその町」との話には必ず共通する「われわれ」という前提がある。さらにその「われわれ」のなかに違ったn個の「われわれ」すなわち「うちの町」があり、その中身の具体例として出てくる話のなかに「エッジの立った個」としての「ターやん」や「まさし」や「オレ」が確かにいる。だんじり祭をやっていない「よその人」から見ると、大きな「われわれ」もn個の「われわれ」も、はなはだしく際だっている世界だから、さらにその微分された「個」は想像を絶する他者的パーソナリティで、「おもろい人」はとてつもない怪物やアホだったりする。

しかしその熱い熱い話のベクトルは、「何がだんじり祭の正しい姿なのか」をクリアに言及することではなくて、そこにある主題は「だんじり祭についての普遍的な〝考え方〟についての原理はあるか」、そしてそれを「われわれ」は「どのように言い当てることが可能なのか」ということである。この間には決定的な違いがあるのだと思う。

岸和田型地車の一番の醍醐味は、なんといっても「遣《や》り回し」である。重さ四トンもある巨大な地車は、そもそも直進だけの機能しかない。曲げることは初めから「無理」なのである。その「無理」を承知で、それも極端な形でやってしまうのがこの「遣り回し」だ。三〇〇人以上の社会的属性や世代や身体能力、そして実際の受け持ちパートも違う人間が、地車を疾走させ一気に方向転換させる。地車曳行というのはクルマでたとえるとアクセル、ブレーキ、ハンドル操作をそれぞれ別人がそれも集団で操作するものだ。

まだ夜が明けたばかりで雨が降っている時の「曳き出し」、あるいは子どもが多くて猛暑の中で行われる「宮入のこなから坂」でもそうだが、どの交差点や辻をどのくらいのスピードで突っ込んでいって、どのタイミングで前梃子《まえてこ》をほうり込んで、どれくらいの力で後梃子《うしろてこ》が取ることが正解であるかなど、誰にもわかるわけがない。そこには「正しさ」などはない。けれども「正しさへの確信」はある。大勢の人間が、大きな地車の動きをその都度おのおの想像し、経験とカンを頼りに「正解であると確信する行動」を探りながら身体を「投げ出す」。ばらばらの「エッジの立った個」が、同じ身体感覚を共有するように「間主観性」を成立させ、「遣り回し」をやってのける。

それは一人の力ではどうしようもないと思いながら、自分がいないと地車が動かないとも思っていることで、特に花形となる前梃子や大工方、綱元や鳴物や後梃子など全てがそうである。

「私は外面的対象を動かす場合には自分自身の身体の助けを藉り、身体によってその対象を或る場所で捉えて、それを他の場所に運んでゆく。ところが自分自身の身体の方は、これを直接に動かすものであって、まずそれを客観的空間の一点に見出してしかるのちそれを他の点にもってゆくというようなものではない。私はそれを探し出す必要はなく、それはもうすでにわたしと一体として在る。私はそれを運動の終局にまで導いていく必要はなく、それは初めからすでに終局に触れており、それ自身がその終局に身を投げてゆくのだ。つまり運動における私の決意と私の身体の関係は、魔術的な関係なのである」（モーリス・メルロ＝ポンティ『知覚の現象学』一六七頁、みすず書房）。

ちょっと小難しい哲学書の引用であるが、なるほどうまいこと言うなあ、これは遣り回しの時の前梃子係そのものやなあと思う。こういうことが「身体でわかる」ことが、岸和田だんじりの「歴史と伝統」というものの正体であり、魅力というものである。

街のMVP選手

心斎橋の鰻谷方面に行くと必ず「ザ・メロディ」のモリモトさんのところに顔を出す。モリモトさんは三〇年以上このミナミでサウンド系の店をやっていて、今はCDショップにハワイ直送のシャツを置いたりウクレレ教室もやっているアロハ&マハロ感極まりないショップである。ハワイのコーヒーやビールや焼酎が飲めるカウンターもあって、わたしは雪印の6Pチーズやグリコのグングンソーセージをアテに缶のスーパードライを飲んでいる。缶ビールといっても冷蔵庫からグラスが出てきて、ビールはその冷えたグラスに注がれる。

流行や景気の波とともに移り変わりが激しい鰻谷界隈の中で、モリモトさんの店は変わらない。それはモリモトさんがミナミ鰻谷の「顔」である証左である。「顔」といっても度胸千両系男稼業とかの人を指すときの「顔」ではない。モリモトさんはいっつも店にいて、カウンターの中にいるから「顔」なのである。

このアロハなショップのガラスドアを開け店内に進み坊主頭が見えると「おー毎度毎度、こークン元気か」とマラソン・ランナーらしいハリのある大阪弁で話しかけてくれる。いつもそうだが別にとりたてて話す内容はない。けれどもいつもいつもいつもミナミの街や人の話で大笑いである。カウンターで隣り合わせるお客は、顔見知りの時もあるし初対面の場合もある。しかしその話はモリモトさんを基点にボールが客にランダムにパスされるように広がり、みんながガハハと笑っている。そのお客と次に「ザ・メロディ」で会ったときはもう「毎度です!」の知り合いである。街の情報を扱う仕事をしていてつくづく思うのだが、こういうネタ元こそ最強で、いくらプレスリリースを集めたところで歯が立たない。

モリモトさんの店は変わらない、と書いたがそれはそういうスタンスが変わらないだけであって店の内容は変わっている。七〇年代は情報誌『POPEYE』で(氏は大阪でただ一人長く連載していた)西海岸の風が吹きまくっていて、いち早くAORだった。八〇年代のこの店はダンスフロアのレコードが主流で、地元ミナミのDJたちが今夜のディスコで回すネタを探しに来ていた。この頃のワンレンボディコン太ベルト女と肩パッドてんこ盛りスーツ男の鰻谷の浮ついた嘘っぽさが懐かしい。九〇年代になるとレコードはCDになり、音ショップはメガ化とデータベース&アーカイヴ化し、「情報のアクセス可能性」が前に出てくる。そうなると「今度のこの新譜、ええよ」の小さなレコード店は苦しくなる。だから「ザ・メロディ」はカフェ的になってコーヒーもビールも出すようになったのだろう。また同時に街では魚屋や豆腐屋や酒屋やお菓子屋、荒物屋やゲタ屋や化粧品屋がなくなった。その代わりに出てきたのは、コンビニやディスカウントストアやチェーン店のカフェだ。グローバルスタンダードというやつである。

この日は時節柄、北京五輪の星野ジャパンが何で負けたのか、それは結果が年俸に反映しないからやないかという話で盛り上がり、そこから「街の」MVP最優秀選手の話につながる。鰻谷では新しい洋食屋さんのオーナーシェフが二年連続MVPだとモリモトさんはいう。このおしゃれ～な感じの洋食店は、二年前に店を同じ鰻谷からここに拡張移転してますます好調、料理も旨くて連日満員ぶっちぎりである。しかし「鰻谷MVP基準」というのは「07年度版 星取り表」みたいな評価とか「対前年比グラフ」とかで表す数字のことでは全くない。モリモトさんが言うには「いつ行っても店主が店に居て顔が見える」そして「ますます元気だ」ということだ。なーるほど。

グルメ情報誌やインターネットのグルメ系ブログを見ていて、この類の街場の話と決定的に違うと思うのは、そういう街場での人が「生身の人」として今どうであり、その人の「人生の調子」みたいなことにまったく触れられていないことだ。本来、消費そのものと消費にアクセスするための情報しか扱わないのが「情報誌」で、そこにどっぷりと浸かりきってしまった編集者やライターは、オリンピックの競技が水泳と野球とで使う筋肉が違うように、そういう話は「書けない」のであった。

鰻谷MVPはコンビニやマクド的ファストフード店は初めから競技対象外である。オーナーが店に絶対顔を出さないメガショップもそうだし、誰がおやっさんかわからないネオ居酒屋もそれには関係ない。

そして鰻谷MVP候補になる店とそうでない店のボーダーラインはモリモトさんによると、案外オーセンティックかつトラディショナルだ。店が人気になると客数を多くして広くするかもう一軒店をつくるかで、そうなるとスタッフも増える。この鰻谷の洋食店がまさにそうで、店がうまくいくということは有能なスタッフが育つということであり、店はますます活気にあふれる。

店がうまくいくということは大部分、よく儲かるかどうかつまり「店の営業によって利潤を追求」した結果が芳しいかどうかであり、これは個人商店であろうが大企業であろうが資本主義の経済社会だから当然である。しかしながらそうなると、それまで店で「鍋を振っていた」オーナー・シェフや「グラスを磨いていた」マスターはそれをしなくなる。そうやってMVP候補から外れるのである。

モリモトさんはそこのところのニュアンスを「ヨソの店でオネーちゃんと一緒にメシ食うてる」とか「店を早く切り上げて北新地に行くようになる」といった言い方をして、いつもいつも笑いの渦に巻き込む。買ったばかりのポルシェに乗ってきて近所の駐車場に駐めるというのも「それはあかんやろ」であるし、それが万一フェラーリやベントレーなら「それはないやろ」でまた大笑いしてしまうのであった。清原がMVPにならず、イチローが何年も連続で選ばれるというのは、それと何だかよく似ている話だ。プレイヤーが毎日ベンチ入りし試合に出るというのはやはりスゴいことであるのだ。

街で店をやっていくこともインターネットで商品を売ることも「営業活動」に違いないが、街でのそれはただ売上高を最大にして経費を最小にして利潤を追求するという所謂「ビジネス」ではない。そういう意味から鰻谷MVPに輝くような街的な店は「企業」といったものではないのかもしれない。

しかしこの手の話は、資本主義や消費社会を批判することになり、いつもいつも落とし所に苦労する（お前は金が要らんのかとか、北新地には行きたくないのかとか）。

けれどもこの「金儲け」と「享楽」についての感覚は、昔から当たり前の街的な良識感覚であり、分かる人には分かりすぎるくらい分かることであった。

北新地の消費者はアホである

毎日毎晩、北新地にいる人が沢山いる。北新地が生活の中に組み込まれた人である。別に理由なんてない。そういう北新地の生活者は、メシも今日は何かを食べたいから予約してその店へ、ということではないから、クラブだってラウンジだってなりゆき任せだ。特に面白いとは思っていないに違いない。一人客で案外下戸の人も多くて、自分は一人でウーロン茶を飲みホステスにドンペリを抜かせて、よっしゃよっしゃと遊んで、さっさと次の店に行って、以下同文である。

そういう人にこの街で出会って「一体、何屋さんで……?」などと訊くような人は、北新地はやめといたほうがいい。「経費が使えて、ええなええな」などと鼻をふくらます人も同類である。

北新地の夜遊びにはコストパフォーマンスなんていう物差しは通用しない。だいたいモノやサービスには相応な対価というものがあるが、北新地にはないのだ。だから北新地で角のソーダ割りが五〇〇円で飲める店の情報を知っていても、クラブで一晩にいくら使ったのかという話と同様、ナンにも偉くはないし無意味である。一体、カネが全ての遊びなのか本当はカネなんて関係ない世界なのか、その両方でもあるから困るのであり、この街にあってミナミや自分の街にないものを探したり、自分が持っているものと人のそれとを比較して遊ぶのはとても虚しい。

そういうのは消費者的なスタンスであって、北新地での遊びに比較とか相対化といったことをしない人こそがこの街の生活者であり、彼らは「他に行くところがないから」そこにいるし、ママに「今日は暇だから」といわれて同伴もする。「上手に遊ぶ」とか「アホとかしこ」とかではなく、この街の生活者というものは、北新地というところの明日の夢は見ない人であり、だから並大抵のことではない。

しかし世の常は（わたしも含めて）、早くも明くる日には二日酔いのシビレ頭を掻いて「あー、昨日はやってもた」となるか、約一カ月後に来た請求書を前に、生きることをやめたくなるかである。新しいベンツやエルメスを買って満足とか、三つ星のレストランでいいワインを飲んで美味しかったね、とかいったことではない。昨夜見た夢はもうないのである。

しいていうと、なぜ「ここは他所ではなくここ」なのかがある店、つまり北新地でしかあり得ない店にこそ惹かれるということで、それは他所よりも品質が良く値打ちのある夜や酒や○○を求めることとは違う。しかし北新地での○○の欲しい欲しい状態が常人、つまり消費者の感覚というものである。○○はいつも空虚であるから、それは単なるアホで、事実この街のアホ伝説はおもろい。

この街では「ほならせっかくやし、行きましょか」と誰かに誘われ地味に飲む。それが焼鳥屋であってもピアノがあるようなクラブであってもきっちり喜び、出来るならば次は自分の店へ案内する。奢ってもらって、別の場所で奢り返す。そういうことが理想に違いないから、一般消費者から北新地の生活者になることはゆめゆめ思わない方がいい。

いつも「北新地は敷居が高い」と素直に思えるほうが、この街は健全だし遊んでいて面白い。

「大阪から日本の現在が見える」のは「大阪からワシも考える」からだ

――あとがきにかえて

すでに三六回を数えて今も連載中の月刊誌『ミーツ・リージョナル』の「江 弘毅の街語り」と、WEBマガジン『だいたい月刊 バジリコバジリコ』の「大阪からワシも考える」を中心に編集したのがこの単行本である。ちなみにWEB連載には「大阪から日本の現在が見える」というサブタイトルがついていた。

どちらも内容はタイトルそのままであり、ほぼ大阪の街場のことを大阪で書いたものである。

考えてみれば、「大阪」という街で「大阪のあれやこれやを書く」ということは、近所のお好み焼き屋で豚玉を食べたり、南船場できつねうどんを食べたり、岸和田で祭礼の日にだんじりを曳いたりすることと同じ延長線上のものであるはずで、またそういうことが、ずっとやってきたわたしの仕事のはずなのでもあった。けれどもどうしたことか、今こうしてこのあとがきを書いていても、どこかすっきりしないというか、なにか引っ掛かったりつんのめったりする違和感がある。

このところ大阪については、ほんまにロクなもんしか書かれてなくて、それはコテコテ、お笑い、たこ焼き、あきんど、おばちゃん、ヤクザ、阪神タイガース……といったステロタイプのイメージ通りの大阪で、だからこそ「大阪はあかん、ダメだ」と言われていて久しい。そこから演繹されることといえば、「コテコテ」とか「コナもん」とか、もうそんなことばかり言うなよ、書くなよ、ということだろう。

この意見には大いに賛同する。大阪はこのかた、その類の抽出のされ方、露出のされ方ばかりで、そういうネタが政治や経済や社会といったテレビのニュース、新聞や週刊誌の記事の中においても「情報〜データ化」される。実際、そのようなネタばかりを仕入れて、それを捌いて仕込み、料理されたような仕方で「情報化」された「大阪情報」に、大阪の街や店や人は長いこと傷ついてもきた。

けれども断言するが、街の中にいて、聞いていても話していても何といっても断然おもろいのは、やっぱり商売人のえげつない銭もうけやおばちゃんの無自覚やヤクザ者の与太や店の食べ物についての街場の話であったりする。だからこそ書いたり編集したりする際の意識としては「それを語らずして、それを語る」みたいな引き裂かれ方になるか、読者の前で「ほらっ」と脱臼してみせるしかない。

また、大阪で生まれてそこで現に生活していると、中高生になって国語の授業で習ってくる言葉と、商店街の家に帰って親兄弟や近くの友人と話す言葉の違いを感じることがある。あるいは会社のオフィスでの話題と、街場のいきつけの酒場やだんじり祭の時のそれとの違いみたいなものともいえるが、そういう「言葉づかい」や「メッセージの伝え方」および「その内容」というコミュニケーションの全てそのもののズレやねじれを「一体何でやねん」「なぜだろう」と考えることは、結構「しんどいこと」である。

その「しんどいこと」の核心は、伝達方法や伝え方すなわち「メディア」そのものと、そのメディアというビークル（乗り物）に乗っかる話の中身、すなわち「メッセージ」あるいは「コンテンツ」という、まさにコミュニケーションにおける二つの位相のズレやねじれそのものに、身体ごと「仕方なく」突撃していかざるをえないことであって、それが冒頭に書いた、「コテコテ」「コナもん」はもうええやろと思いつつ、結局そこに行くしかないと宿命づけられていることが解ってしまうみたいな「違和感」であった。

人は入れ替え不可能な精神を持った存在だが、街も同じで、大阪という街には、その街路や店や人や食べ物といった大阪の身体みたいなものから、どうしようもなく滲み出てしまうものがある。だからそういう「違和感」を今こうしてあえて書くことは、「しんどい」以上に結構「恥ずかしいこと」でもある。しかしながら、そこに必ずある「仕方なくのしんどさ」をわからない人がいて、そこにまた別の「しんどさ」を見る場合もある。

それはひょっとして、よその街で――イメージ的には、実際の大阪の街場ではなく芦屋や豊中や池田といった住宅地の部屋で、もしくは東京にあるテレビ局や新聞や雑誌の編集部のデスクで――大阪という街についてのあれこれ考えたり書かれたりした文や言葉に触れて、それが「仕方なく」とは無縁の場所で暮らす人によって書かれたものであることがわかってしまう「しんどさ」のようなものだ。そしてこの「しんどさ」は、街に居ない限りどこまで行ってもつかめない類の、存在するとは別の「しんどさ」だから、わたしの「恥ずかしいこと」の意識は、まんざら捨てたものではないではないと思うようにする。

わたしを含め「大阪でしか生活できない人」が住む街が大阪である。そういう人たちは大阪の実生活者である。わたしの友人知人には、そこでしか生きていけない岸和田だんじり祭の仲間と同種の、上方芸能の落語家や講談師などが少なからずいるのであるが、かれら上方の芸人にとっては、テレビの番組にたくさんのタレントやコメンテーターと一緒に出演して、スタジオで他人の話に上手に相づちを打ったり、話の最中にいきなり大声で割り込んだりすることが仕事ではなくて、そこに街場の寄席高座で「噺を披露」することの違いみたいなものを見つめる諦観がその根底にあるから、いつもしなやかで街的な感性を感じる。辞書を引けば解ることだが、ここでの諦観は「②あきらめてながめること」でもあるが、「①あきらかに本質をみること」がその本意である。

「大阪」という街で「大阪のあれやこれやを書く」というのは、「一体、何から話したらいいのか」という「始まりを更新する」みたいなことばかりである。そういうときの「言葉という記号」は、何かをピタリと言い表すものではなく、不適切だなとわかってはいるけれど、とりあえず代理表象として今は「わたしの言葉」を使っておこう、みたいなものだ。だからこそいっつも手足をばたつかせたり、のたうち回ることになるのだが、そのじたばたの事後的な足跡みたいなものが「書いたこと」であり、それは「考えたことの足跡」でもある。

そこらへんをカラダで分かるには、結構根性がいる。だから「大阪からワシも考える」というふうに止めておきたい。

この本を構成・編集していただいたバジリコの安藤聡さんとは、『岸和田だんじり祭だんじり若頭日記』（晶文社）に続く二冊目のおつきあいである。その有難いご提案は『ミーツ』誌の連載を元に「大阪の街に絞った内容で一冊」ということで、もうずいぶん前のことである。

安藤さんは、年収・カネを尺度にした「格差社会」という東京発の物言いにこれだけ日本中があたふたしているということは、「たかがカネのことでしかない」ことに対してのほかの尺度が、どれだけ脆弱になってしまっているかの証左である、とメールに書いていた。

ちょうど大阪では市長選、知事選と立て続けにやっていて、結果は周知の通りだが、わたしはその時、こういうメールを返した。

格差社会、下流、自己実現などというのは、一回、西成に行けば、フリーターとかニートとかとはまた違った街の実体があります。

毎日新聞の大阪版で連載中の「巨大都市を問う　07年大阪市長選」の1回目に、「優しき街」財政悲鳴、というタイトルで、もろ書かれています。

「優しき街」なんて朝日では絶対書かない見出しですね。

その記事には、西成区の全世帯の4分の1が生活保護世帯であり、大阪狭山市の入院生活保護者が「退院後のことは考えときや。西成に行ったらNPOが面倒見てくれるから」といったこととか、大阪市外の自治体の窓口が、生活保護の相談者に大阪の西成までの電車賃を渡し、追い返した例など、西成が最後の行き場所であることを書いています。

大阪市の生活保護費は全国最多の2300億円で、これは歳出の15%です。

数字で書くと「わー、ひどいな」ですが、日本第二の経済商業都市、工業都市である大阪は260万人の実生活者の街でもあります。

「大阪市の職員は、住民税払てへんからな」というねじれ、つまり大阪を経済活動の場にしながら、西宮、芦屋といった阪神間や豊中、吹田といった北摂に居住する非大阪居住者の大阪人と、西成区民に代表される下流大阪人の現実があります。

80年代以降の「ハイライフ、ハイスタイル」「金曜日はワインを買って帰る日」「いつかはクラウン」といった、「おいしい生活」な消費世界とはあえて無縁な人（生活哲学者ですね）以外は、それからドロップアウトすることを余儀なくされた人で、そういう細民しか大阪には住んでないと思います。

また「格差社会」などといわれ出したここ十年で、ものすごく野宿者（ホームレス／大阪市など行政は野宿者という言葉を使う）が増えたことなど、まあいろいろありますが、わたしを含めて街の書き手たちは、あんまり書かないです。

週刊誌や新聞が書いてきたことは、南港ＷＴＣの１２００億円の総事業費による「大阪市破産」とか「バブルの負の遺産」とか全て経済スタンスの話であるか、亀田親子とかの芸能ですね。社会生活を書いていないです。

なぜかというと、しんどいからです。

実際、『ミーツ』がずっとやってきた旧い居酒屋とかお好み焼きとかの飲食店の話も、そういう「消費者である前に、おれらは街の実生活者である」という基底の諒解がかろうじてあったので、すこしは言及できたのだと思います。

街的な生活レベルの話がなくて、消費(生活)のありようでしか、つまり記号消費のブランド名や消費カロリーの計量的レベルでしか書けない。そこに僕達の情報誌のへなちょこさがあり、それがいやで会社を辞めたのかもしれません。

フリーターとかネットカフェ難民とかも「きっついよなあ」と思いますが、大阪はそれ以前の「アンコ(日雇い労働者)」とか「あいりん生活者」とかが、丸出しでばーんとあって、そっから「串カツソース二度づけお断り」とか「モダン焼き　かすダブル」とか出てきているわけです。

それにしても被差別部落とか在日とか暴力団構成員とか岸和田のだんじり失業者とかの、そういう街場のすさまじい人々の話は実に面白い。人格的にはいろいろあるにせよ、まぎれもなくかれらも街場のコミュニティの一員であることで、食べ物の話にせよ、「大笑いするけど、ちょっと哀しい」というラテン的なおもろさがあるのだと思います。

言いたかったことは、「大阪、好きやねん。」などとは、やはり現実を見ていると、よう言わんのであるが、「格差」とか「下流」とかの言い方で、ワシらのことを言うてどうすんねん、ということであった。

それは「弱者」という痩せた語句でもって言うことによって、かえって彼らとは一体誰なのかと感受する回路を閉ざすこと。彼らにおいての不足や欠損の額を呈示することによって、あらかじめ失われて自分にはない貧しさへの共感を免罪すること。そういうふうに思うのであった。

それでも結構、おもろく生きていくことが可能であるのが、大阪という街にほかならない。

二〇〇九年二月

江 弘毅

＊ 初出

『ミーツ・リージョナル』
2006年4月号〜2009年1月号
（京阪神エルマガジン社）

『居酒屋』20号
（柴田書店 MOOK）

だいたい月刊 バジリコバジリコ
http://www.basilico.co.jp/

江 弘毅 こう・ひろき

1958年岸和田市生まれの岸和田育ち。ずば抜けた時代感覚と声のデカさで圧倒的な存在感を見せる岸和田の編集者。『ミーツ・リージョナル』(京阪神エルマガジン社)の創刊に関わり12年間編集長を務め、現在編集集団「140B」取締役編集責任者。著書に『「街的」ということ――お好み焼き屋は街の学校だ』(講談社現代新書)、『岸和田だんじり祭 だんじり若頭日記』(晶文社)、『京都・大阪・神戸 店のネタ本』(編著/マガジンハウス)、『岸和田だんじり讀本』(編著/ブレーンセンター)などがある。

街場の大阪論

2009年3月18日 初版第1刷発行

著 者 江 弘毅
発行人 長廻健太郎
発行所 バジリコ株式会社
〒130-0022 東京都墨田区江東橋3-1-3
TEL 03-5625-4420
FAX 03-5625-4427

印刷・製本 株式会社 光邦

http://www.basilico.co.jp

Printed in Japan ISBN978-4-86238-131-6 JASRAC 出 0900974-901

ZEUS LIBRARY
木星叢書

「教養2.0」のライブラリー

身体知——身体が教えてくれること　内田樹×三砂ちづる
身体的思考をもとにした新しいコミュニケーション論。

身体を通して時代を読む　甲野善紀×内田樹
武術の智慧がこの国の歪みを糺す！　憂国的武術対談。

生き延びるためのラカン　斎藤環
世界一わかりやすいラカン解説書にして精神分析入門。

「自由」は定義できるか　仲正昌樹
〈自由〉の定義って何？〈自由〉の概念の変容の軌跡を追う。

暴走する「世間」　佐藤直樹
暴走しはじめた「世間」の危ない構造にメスを入れる長編評論。

哲学個人授業　鷲田清一×永江朗
哲学の極めつけ〈殺し文句〉23篇からはじまる哲学入門。

きものとからだ　三砂ちづる
毎日付き合うことで身体が変わる。着物のある暮らしを取り戻そう。

いきなりはじめる仏教生活　釈徹宗
今日からあなたも立派なブッディスト。洒脱で過激な仏教生活入門。

こんな日本でよかったね　内田樹
〈寝ながら学んだ構造主義者〉による、驚愕の日本社会論。

響きあう脳と身体　甲野善紀×茂木健一郎
人間の持つ無限の可能性についてとことん語り合う、打てば響く異脳対談。

リスクの正体！　山口浩
リスクを味方にする技術、予測を力にする思考法とは？